RÉVEIL DE CONSCIENCE CHRÉTIENNE

# *COMMENT* ACTIVER *LE* SURNATUREL

POUR MARCHER DANS LA VICTOIRE AU QUOTIDIEN ?

RÉVEIL DE CONSCIENCE CHRÉTIENNE

# *COMMENT* ACTIVER *LE* SURNATUREL

POUR MARCHER DANS LA VICTOIRE AU QUOTIDIEN ?

Brice MAFOUYI

Mai 2022



Sauf indication contraire, les citations bibliques sont tirées de la Bible Louis Segond 1910.

ISBN : 9791095169482

Mis en page par JIK CONSULTING

Site : www.jonathanisaack.com

# Table des matières

# DÉDICACES

Je dédie ce livre aux différentes catégories de personnes suivantes :

Celles qui ont soif de plus de connaissance de Dieu, du Seigneur Jésus-Christ et qui veulent coûte que coûte servir le Seigneur dans une dimension où le surnaturel devient réel.

Celles qui aspirent à plus d'onction dans leurs vies, afin de révéler Christ, en influençant positivement les évènements et les situations qui embrigadent les gens autour d'elles.

Celles qui ont marre de vivre la routine de la vie chrétienne sans bénéficier des fruits, des bienfaits et des bénédictions dont fait mention la Parole de Dieu.

Celles qui veulent vivre l'expérience du baptême du Saint-Esprit et qui désirent se voir doter des dons spirituels, afin de servir efficacement le Seigneur.

Celles qui veulent évangéliser avec l'assurance de toucher les cœurs des perdus et de les amener à se tourner vers Dieu.

# REMERCIEMENTS

Je remercie avant tout mon Père céleste, à qui je dois mon existence. Ainsi que celui par qui et pour qui ma vie a un sens et qui fait sans cesse les délices de mon cœur, le Seigneur Jésus-Christ. Sans oublier le Saint-Esprit qui, dès les premiers jours de ma vie chrétienne, m'a permis de m'attacher au Seigneur Jésus-Christ.

Mes remerciements vont également à l'endroit de ma charmante épouse LINE, qui a toujours su me faire confiance en me laissant le temps de me consacrer à la recherche du Seigneur Jésus-Christ et à la rédaction de cet ouvrage aux moments où elle avait le plus besoin de mon aide et de mon soutien.

Enfin, je ne saurai oublier les hommes de Dieu qui ont été les instruments que Dieu a utilisés pour ma préparation au ministère, au nombre desquels je peux citer les prophètes T.B Joshua, Uebert Angel, Shepherd Bushiri et le pasteur Alph Lukau qui ont prié pour moi.

# AVANT-PROPOS

Lorsque nous parlons du ***surnaturel***, certains font référence aux créatures fantastiques diffusées par certains films d'Hollywood, mettant en relief des phénomènes relevant du paranormal.

D'autres pourraient croire qu'il s'agit des expériences produites lors des séances de spiritisme ou lors des initiations occultes au cours desquelles les initiés sont témoins de phénomènes étranges.

Le Surnaturel relève du domaine unique de Dieu, le Créateur. Car Dieu est unique et l'on ne peut associer son action à une quelconque manifestation humaine ou autre. Son intervention est incomparable, sa manifestation l'est aussi.

Les sujets traitant de la spiritualité ne sont pas à confondre avec le surnaturel. Car la spiritualité amène l'homme à entretenir une relation avec toutes sortes d'êtres invisibles, séducteurs et trompeurs. Tandis que le surnaturel le relie à la source originelle, c'est-à-dire son Créateur.

La manifestation du surnaturel a toujours été contrefaite par les agents du royaume des ténèbres. C'est à ce titre que les hommes sont trompés et enrôlés dans bien des pièges. Satan est maître dans l'art de la tromperie. Ses agents ne le sont pas moins ; leur but étant d'égarer les hommes par la ruse, la supercherie et la subtilité.

C'est pourquoi, il est écrit en **2 Corinthiens 11.14** : « *…Satan lui-même se déguise en ange de lumière* ».

Le surnaturel met en relief deux principaux acteurs que sont : le Saint-Esprit et les anges. Ces derniers œuvrent dans le but d'aider les hommes à accomplir la volonté de Dieu sur la terre et à jouir pleinement de leur vie selon les standards divins.

*Un* ***ange du Seigneur, s'adressant à Philippe, lui dit*** *: Lève-toi, et va du côté du midi, sur le chemin qui descend de Jérusalem à Gaza, celui qui est désert. Il se leva, et partit. Et voici, un Éthiopien, un eunuque, ministre de Candace, reine d'Éthiopie, et surintendant de tous ses trésors, venu à Jérusalem pour adorer, s'en retournait, assis sur son char, et lisait le prophète Ésaïe.* ***l'Esprit dit à Philippe :*** *Avance, et approche-toi de ce char. Philippe accourut, et entendit l'Éthiopien qui lisait* *le prophète Ésaïe. Il lui dit : Comprends-tu ce que tu lis ? (***Actes 8.26-30***).*

L'histoire raconte que la reine d'Ecosse Marie Stuart avait plus peur des prières du célèbre réformateur JOHN KNOX (1514-1572) que de toutes les armées d'Angleterre. Ce dernier jeûna et attendit dans la présence du Seigneur jusqu'à ce que Dieu ôta à Marie le trône d'Écosse, car elle était très ennemie des chrétiens. Il ne cessa pas de prier jusqu'à ce que les lois spirituelles à travers ses prières changent les décisions prises par le sénat.

Ce livre vient à point nommé pour tenter de recadrer certaines vérités que les chrétiens ont perdues de vue et qui devraient les amener à faire face à l'influence du royaume des ténèbres qui sévit partout sur la terre, et à marcher dans la victoire au quotidien.

# Chapitre 1 :

# CE QUE VOUS DEVEZ SAVOIR

## 1- LE MONDE SPIRITUEL ET LE SURNATUREL

Afin d'avoir une compréhension assez claire de ce qu'est le monde spirituel, je me permets de relater deux faits bibliques dont le premier se trouve dans le livre de **2 Corinthiens 12.2-4** :

« *Je connais un homme en Christ, qui fut, il y a quatorze ans, ravi jusqu'au* ***troisième ciel*** *(si ce fut dans son corps je ne sais, si ce fut hors de son corps je ne sais, Dieu le sait). Et je sais que cet homme (si ce fut dans son corps ou sans son corps je ne sais, Dieu le sait) fut enlevé dans le paradis et* *qu'il entendit des paroles ineffables qu'il n'est pas permis à un homme d'exprimer ».*

L'apôtre Paul, mettant en garde les chrétiens de la ville de Corinthe contre certaines personnes qui étaient au milieu d'eux et qui s'illustraient par un orgueil démesuré au point d'attirer l'attention sur eux et non sur le Seigneur Jésus, raconte une expérience qu'il avait vécue.

Cette expérience lui avait permis de réaliser l'existence d'un autre environnement qu'il a appelé le troisième ciel. Il s'y était retrouvé, indépendamment de sa volonté et sans son corps physique. Dieu dans sa souveraineté avait jugé utile d'emmener l'apôtre Paul dans cet endroit pour une raison que lui seul connaissait.

Le second fait est relaté dans **Apocalypse 12.7-9** « *Et il y eut guerre dans le ciel. Michel et ses* *anges combattirent contre le dragon. Et le dragon et ses anges combattirent, mais ils ne furent pas les plus forts, et leur place ne fut plus trouvée dans le ciel. Et il fut précipité, le grand dragon, le serpent ancien, appelé le diable et Satan, celui qui séduit toute la terre, il fut* ***précipité sur la terre****, et ses anges furent précipités avec lui* ».

Il s'agit ici d'un évènement s'étant produit avant que l'homme n'ait existé sur la terre. Après la bataille ayant opposé d'un côté satan et ses anges, et de l'autre, Michel et ses anges, la terre a été mise sous occupation. Satan y a établi son royaume et y exerce une domination totale jusqu'à ce jour. Personne n'a jamais vu satan, ni ses anges rôder quelque part dans une région de la terre. Et pourtant, ils y sont bel et bien présents.

Les Saintes Ecritures nous amènent à comprendre l'existence d'un autre monde, juxtaposé à celui dans lequel nous vivons. C'est le monde spirituel. Celui dans lequel, les êtres spirituels demeurent, agissent et se déploient.

L'homme n'a pas accès à ce monde, à moins que Dieu le permette par Sa propre volonté. Par contre, satan a, par des voies illégales, emmené l'homme à avoir accès au monde spirituel. La projection astrale est l'une de ces méthodes utilisées dans l'occultisme et dans plusieurs sectes à travers le monde.

L'accès au monde spirituel sans que Dieu ne le permette, a des conséquences destructives à long terme. Lorsqu'on veut rentrer dans un pays, on a le choix entre la voie terrestre, maritime ou aérienne. Chacune de ces possibilités impose de se conformer aux lois en vigueur dans le pays dans lequel on souhaite se rendre. À ce propos, on doit se munir d'un passeport à jour avec un visa d'entrée, accordé par l'autorité diplomatique représentant le pays d'accueil.

Tout accès à un quelconque pays bien qu'empruntant la voie terrestre, maritime ou aérienne sans cette condition, nous place immédiatement dans une position de clandestinité aux conséquences pénales lourdes. L'homme n'a donc pas le droit tant qu'il vit sur la terre, d'explorer le monde spirituel à sa guise. Dieu devrait en être le passeport visé.

Le monde spirituel est le côté invisible de l'univers. Il est plus étendu que la terre. Dans le monde spirituel, il existe deux royaumes bien distincts, matérialisés par deux environnements :

l'environnement divin et l'environnement des ténèbres. Le surnaturel est la manifestation de l'environnement divin dans l'environnement terrestre.

Lorsque les êtres célestes entrent en contact avec les êtres humains, on parle du surnaturel. C'est pourquoi le surnaturel fait directement allusion à la manifestation du royaume de Dieu sur la terre. Le surnaturel peut être suscité soit lorsque Dieu dans sa souveraineté le juge utile, soit lorsque l'homme souhaite bénéficier du secours divin. Seul l'homme qui est réconcilié avec Dieu est habilité à manifester le surnaturel.

## 2- L'HOMME EST ESPRIT

L'homme n'est pas apparu à la suite d'un phénomène qui se serait produit après une explosion appelée ***big bang***. Il n'est pas non plus le produit d'une mutation génétique d'une autre espèce comme on l'apprend à l'école et dans les revues scientifiques.

L'homme a bel et bien été créé par Dieu. Après avoir été conçu de façon surnaturelle, un corps fait à partir de la poussière de la terre lui a été confectionné. Et de là, l'être spirituel conçu a été introduit à l'intérieur de l'enveloppe charnelle.

La parole de Dieu l'affirme clairement comme suit :

« *Dieu créa l'homme à son* ***image****, il le créa à* ***l'image de Dieu****, il créa l'homme et la femme* » **Genèse 1.27**

« *Voici le livre de la postérité d'Adam. Lorsque Dieu créa l'homme, il le fit à* ***la ressemblance de Dieu*** » **Genèse 5.1**

Deux expressions similaires ressortent dans ces passages bibliques. L'***image de Dieu*** et ***la ressemblance de Dieu***.

Parlant du mot image, l'un de ses synonymes selon le dictionnaire est ***reproduction***. Dieu s'est reproduit lui-même en créant l'homme. Il a pris une portion de ce qui fait son essence et en a fait un autre petit lui-même.

Ici, l'accent est mis sur la nature de Dieu. L'homme est donc par nature la reproduction de

Dieu. Ce qui veut simplement dire que l'homme est esprit.

Concernant le mot ressemblance, le synonyme le mieux adapté est le mot ***similitude***. Il s'agit ici de la similitude à la personne divine. L'homme a reçu du Créateur sa divinité, qui lui confère une existence éternelle. L'homme est un dieu par extension. Le Seigneur Jésus lui-même l'affirme en ces termes : *N'est-il pas écrit dans votre loi, j'ai dit : **vous êtes des dieux** ?* **Jean 10.34**

Venons-en à ce qui donnera un peu plus de clarté à ce que l'homme est réellement.

Ma démarche, ici, ne consistera pas à faire une démonstration scientifique, encore moins un déroulé philosophique. J'essaierai juste par des affirmations bibliques de confirmer ce que les Saintes Écritures sous-tendent.

Tout d'abord, la bible révèle sans ambiguïté, la nature intrinsèque de Dieu, le Créateur de toutes choses. Selon Jean 4.24, « *Dieu est Esprit…* »

Cette affirmation met en évidence l'identité même de Celui dont tous les êtres humains tirent leur source. Il est l'origine de toute vie et le ***Père des esprits***.

L'homme ayant été engendré par le Père des esprits, détient la même nature que Son Créateur. Il est esprit.

La parole de Dieu apporte plus d'éclaircissement concernant cet aspect.

« ***Mon corps*** *n'était point caché devant toi ; lorsque j'ai été fait dans un lieu secret, tissé dans les profondeurs de la terre. Quand je n'étais qu'****une masse informe****, tes yeux me voyaient ; et sur ton livre étaient tous inscrits les jours qui m'étaient* *destinés, avant qu'aucun d'eux n'existât* » **Psaumes 139.15-16**

« *La parole de l'Éternel me fut adressée en ces mots : Avant que je ne t'eusse* ***formé dans le ventre de ta mère****, je te connaissais...* » **Jérémie 1.4-5**

Le corps dont fait allusion le premier passage biblique n'est pas l'enveloppe charnelle, mais l'esprit humain qui était déjà fonctionnel et que le Créateur s'apprêtait à matérialiser sur le plan physique.

Pour une meilleure compréhension, une illustration s'impose à ce niveau, celle de l'air contenu dans les pneus de voiture est la mieux indiquée.

La matière plastique qui contient l'air est une chose, et l'air en est une autre. L'air est déjà disponible avant même qu'on ne fabrique le pneu. Après que le pneu eut été fabriqué, l'air est introduit dans celui-ci pour l'usage auquel il est destiné.

Aujourd'hui, il est dommage de constater que dans les milieux évangéliques, bien que la bible en fasse constamment mention, ceux qui servent Dieu, ne sont pas conscients que l'homme a été créé à l'image de Dieu. Et donc bénéficie d'une légitimité à influencer le cours des évènements de la terre en agissant sur le plan spirituel.

*« ...S'il y a un corps animal, il y a aussi* ***un corps spirituel*** *»* **1 Corinthiens 15.44**

L'***homme*** a un corps spirituel, il est donc un ***esprit*** possédant une âme et vivant dans un corps physique, fait de chair, d'os et de sang.

Ainsi, nous comprendrons que Dieu a formé un corps physique à l'homme, pour son implication dans le monde matériel. Par ailleurs, il comptait entretenir une relation permanente avec lui sur le plan spirituel. De cette relation, l'homme devrait tirer les ressources nécessaires pour accomplir ses multiples tâches sur le plan physique.

Pour le cas d'Adam, le premier homme, cette relation se manifestait au cours d'une rencontre quotidienne qui se tenait à la fin de la journée, dans le jardin d'Eden (**Genèse 3.8-9**). Dieu venait rencontrer l'homme après qu'il se fut acquitté de ses tâches journalières.

Après les vicissitudes et le dur labeur de la journée, l'homme avait besoin d'être encouragé, d'être écouté, mais d'être aussi illuminé. La journée devrait s'achever par cette rencontre enrichissante et fructueuse.

L'homme avait, en ce temps, la capacité de voir Dieu, de parler avec lui parce que son corps physique n'était pas une barrière au monde spirituel. Ses sens physiques étaient aussi en harmonie avec ses sens spirituels. Tout en lui était parfait et intact.

Mais après l'incident qui s'était produit dans le jardin d'Eden, c'est-à-dire la désobéissance de l'homme à l'instruction que Dieu lui avait donnée, l'homme a immédiatement connu la mort spirituelle.

Son corps physique a perdu la capacité d'être en harmonie avec la présence divine. Ses sens physiques sont devenus plus conscients du monde qui l'entourait au détriment de celui dans lequel il se ressourçait. Le péché venait de produire des interférences entre l'homme et Dieu, le réseau de communication avait commencé petit à petit à s'effriter.

J'imagine dans le ciel, les anges se bousculer et se hâter pour tenter de voir comment rétablir le réseau de communication de cette belle relation. Et Dieu de leur dire, c'en est fini, impossible de rétablir la communication. Laissez tomber !

Au fil du temps et à cause de la désobéissance de l'homme, la situation de ce dernier allait de mal en pis. Les hommes devenaient plus méchants, se faisant du mal les uns aux autres et se révoltant davantage contre Dieu au point même de trouver des substituts à Dieu pour leur vouer un culte (l'idolâtrie à travers l'adoration des images taillées, des images fondues, les astres, etc.).

Malgré les méchantes œuvres de l'homme, Dieu n'a jamais oublié ce qu'il avait prévu pour l'homme depuis sa création. Dieu a toujours pensé avoir une relation avec l'homme, car ce n'est que de cette relation que l'homme tire son équilibre et son épanouissement.

Après l'incident de la désobéissance de l'homme ayant causé la séparation d'avec Dieu, Dieu se mit à mettre en exécution le plan qu'il avait prévu pour rétablir cette relation. Il était prêt à montrer à l'homme jusqu'où il était capable d'aller pour lui permettre d'avoir à nouveau la capacité d'interagir avec lui, d'activer le surnaturel, afin d'exercer son autorité sur la terre.

Dieu avait envisagé d'intervenir personnellement pour résoudre le problème de la séparation entre l'homme et lui. Il ne pouvait pas agir avant le temps qu'il avait fixé. Il fallait que l'homme montre par des actes conscients son désir de retourner vers son Créateur, même s'il fallait tâtonner pour y arriver.

**Actes 17.24-27** « *Le DIEU qui a fait le monde et tout ce qui s'y trouve, étant le Seigneur du ciel et de la terre, n'habite point dans des temples faits de main d'homme ; il n'est point servi par des mains humaines, comme s'il avait besoin de quoi que ce soit, lui qui donne à tous la vie, la respiration, et toutes choses. Il a fait que tous les hommes, sortis d'un seul sang, habitassent sur toute la surface de la Terre, ayant déterminé la durée des temps et les bornes de leur demeure ;* ***il a voulu qu'ils cherchassent le seigneur, et qu'ils s'efforçassent de le trouver en tâtonnant****, bien qu'il ne soit pas loin de chacun de nous* ».

Dans ce tâtonnement, l'homme se mit à se représenter Dieu, mais de la mauvaise des manières, c'est-à-dire en se faisant des idoles et en vouant un culte aux éléments de la nature.

Face à une telle débâcle, l'homme pouvait-il à nouveau par ses efforts parvenir à accéder à sa position originelle ? Il fallait qu'une solution soit trouvée au plus vite.

# Chapitre 2 :

# LA SOLUTION DE DIEU POUR RÉTABLIR LA RELATION AVEC L'HOMME

## 1- IL FALLAIT UN SACRIFICE

Le temps était passé et le cœur de l'homme s'endurcissait davantage et se révoltait contre son Créateur. La méchanceté et la violence étaient deux attitudes qui étaient fortement attachées au quotidien des hommes.

« *L'Éternel vit que* ***la méchanceté des hommes était grande sur la terre****, et que toutes les pensées de leur cœur se portaient chaque jour uniquement vers le mal. L'Éternel se repentit* *d'avoir fait l'homme sur la terre, et il fut affligé en son cœur* ». **Genèse 6.5-6**

La nature divine perdait son amplitude en l'homme, laissant place à la mort spirituelle ; l'homme ne pouvait plus supporter la présence de Dieu qu'il contenait. Cette présence en lui, jugeait chacun des actes qu'il posait. Au cours de certaines périodes de l'existence de l'humanité, Dieu se révélait aux hommes à travers quelques personnes résolues à plaire à Dieu. Malheureusement, les hommes n'étaient pas sensibles aux visitations divines. Ils n'adhéraient pas à son interpellation salutaire.

Dieu utilisa d'abord Hénoch, pour interpeller le monde d'alors, mais en vain. Puis Dieu se servit de Noé pour interpeller le monde une fois de plus. Mais une fois encore les hommes étaient restés insensibles à cet appel. Ce qui entraina la destruction de la race humaine par le déluge envoyé par Dieu.

Après la destruction de l'espèce humaine, une nouvelle ère se levait sur la terre. Une poignée de personnes rescapées du déluge devaient repeupler la terre tout en inculquant les valeurs divines aux générations à venir.

Mais le péché avait conquis la nature humaine. Telle une gangrène, il avait atteint toutes les cellules composantes du caractère de l'homme. Il ne pouvait donc rien venir de bon de lui. Il fallait autre chose au problème de l'homme. Quelque chose en dehors de l'implication personnelle de l'homme devrait être faite. C'est alors qu'au fil des temps, Dieu a suscité des prophètes qui annoncèrent l'avenue d'une ère nouvelle sans en donner les précisions temporelles (**I Pierre 1.10-12**).

Cette ère devait marquer le début d'une nouvelle race d'hommes devant être inaugurée par un autre ***Adam*** (**I corinthiens 15.45**). Elle devait marquer aussi l'implication du ***surnaturel*** dans le quotidien des hommes.

Satan avait pris pleinement le contrôle des manettes de la gestion des évènements se déroulant sur la terre. En s'immisçant dans les activités humaines, il a introduit le mode de vie de son royaume au milieu des hommes.

Le monde des ténèbres agissait sans scrupule, sans aucune quelconque opposition ; ce qui engendra des conséquences désastreuses sur le plan physique, accélérant ainsi la déliquescence de la nature humaine. L'homme était influencé depuis l'intérieur de son enveloppe physique par des êtres aux allures de bêtes (**I Corinthiens 15.32**) agissant dans le monde invisible et influençant les évènements sur le plan physique.

Véritable défi et difficulté pour l'homme, car ce dernier avait, depuis longtemps, perdu sa capacité d'opérer, de voir et de réagir dans le monde spirituel. Il était sous l'emprise d'un royaume qui le maintenait prisonnier.

L'époque des géants au cours de laquelle ont certainement existé les créatures antiques tels les dinosaures et toutes les autres de la même nature (Genèse 6.1-7), marqua le point culminant pour enrailler la mauvaise semence que n'avait créée Dieu, le fruit de l'union entre l'homme et les anges déchus ne pouvait être toléré par Dieu.

Dieu était en colère contre la terre. Lucifer venait de lever le niveau de la dépravation de l'existence de la terre si haut que la colère de Dieu s'était abattue sur l'homme qui était aussi coupable de cette dépravation. Toute la surface de la Terre avait été envahie par les eaux qui avaient décimé les êtres humains, la faune et la flore comme cela a déjà été mentionné précédemment.

Plus tard, après le repeuplement de la surface de la Terre, une scène similaire s'était produite dans l'histoire de l'humanité. Cette fois-ci, c'était dans une zone géographique plus réduite. Les hommes n'étant plus satisfaits de l'usage des femmes, au point de vue sexuel, avaient à nouveau irrité le cœur de Dieu lorsque cette perversion sexuelle voulait être orientée dans l'union avec les anges envoyés par Dieu à Sodome et Gomorrhe.

Le point culminant de la déchéance humaine avait atteint son paroxysme au point de déclencher la colère de Dieu et provoquer la destruction des villes de Sodome et Gomorrhe. Les mêmes causes produisant les mêmes effets, les populations de ces deux contrées avaient été détruites à l'exception d'une poignée de personnes.

À une autre époque, apparut Moïse qui était un homme qui craignait Dieu. Dieu avait envisagé un autre moyen pour rétablir la relation avec l'homme : ***la loi.***

Par l'intermédiaire de Moïse, une somme d'instructions et d'ordonnances avait été communiquée aux hommes, et dont la mise en pratique et l'observation scrupuleuse leur accordaient la faveur de Dieu.

**Lévitiques 18.1-5** : *« L'Éternel parla à Moïse, et dit : Parle aux enfants d'Israël, et tu leur diras: Je suis l'Éternel, votre Dieu. Vous ne ferez point ce qui se fait dans le pays d'Égypte où vous avez habité, et vous ne ferez point ce qui se fait dans le pays de Canaan où je vous mène : vous ne suivrez point leurs usages. Vous pratiquerez mes ordonnances, et vous observerez mes lois : vous les suivrez. Je suis l'Éternel, votre Dieu. Vous observerez mes lois et mes ordonnances : l'homme qui les mettra en pratique vivra par elles. Je suis l'Éternel* ».

La loi était donc à ce moment-là, le moyen adéquat offert à l'homme pour sa survie. Mais contre toute attente, elle ne permit pas de résoudre le vrai problème de l'homme. En enfreignant les lois que Dieu avait prescrites à Moïse, l'homme était immédiatement sous le jugement et devait donc payer cela de sa vie.

Heureusement, la loi avait prévu une issue de secours : le sacrifice d'animaux qui couvrirait les péchés des hommes et les rendrait acceptables aux yeux de Dieu. Ces sacrifices avaient une double connotation.

Premièrement, ils permettaient l'échange du sort que devrait subir l'homme après avoir désobéi à Dieu, c'est-à-dire la mort (par lapidation). Au lieu que l'homme soit mis à mort pour sa faute, il fallait faire mourir quelque chose d'autre à sa place pour que ce dernier soit épargné.

Deuxièmement, les sacrifices accordaient, à cause du sang de la victime qui était répandu, l'innocence de l'homme devant Dieu. Le sang versé couvrait donc les péchés de l'homme et le rendait non coupable.

Malheureusement, cette nouvelle donne n'avait pas non plus apporté la solution au problème de l'homme. D'où la mise en exécution du plan parfait de Dieu.

## 2- LE SACRIFICE FINAL

Les sacrifices d'animaux ne pouvaient effacer les péchés des hommes, et les délivrer de la puissance de la nature du péché ; il fallait un sacrifice supérieur qui non seulement effacerait leurs péchés, mais leur donnerait la puissance de dominer la nature du péché et la puissance de dominer le monde des ténèbres en exerçant sur lui une autorité sans limites.

Ce sacrifice devait être celui d'un être humain, mais un être humain qui n'avait jamais péché, quelqu'un qui se substituerait à tous les autres hommes. Mais il n'y en avait pas un de ce genre sur la terre. Il fallait donc en trouver, sinon en créer.

Et aussitôt, comme lorsqu'il s'est agi de créer l'homme, Dieu pensa à lui-même. Il se servit de lui-même (sa ressemblance et son image), pour offrir à l'homme le salut éternel. Et c'est ce qu'il fit.

Il prit la forme humaine faite de chair, d'os et de sang et décida de venir prendre la mauvaise nature de l'homme. Il accepta de subir la peine de mort que méritait l'homme.

Il savait que ce serait pénible parce qu'il ne devait pas faire usage de sa capacité divine pour accomplir sa mission. Il prit donc le risque de subir la faiblesse humaine, car la bible dit que Jésus fût tenté au cours de son séjour terrestre de toutes les manières qui soient. Il subit la faim, la soif. Il fut tenté de mentir, de tricher, de convoiter, de forniquer, de voler, de s'enorgueillir, etc. C'est pourquoi il connaît bien la faiblesse humaine.

Tout autre sacrifice de sang, fusse-t-il d'animaux ou humain, pratiqué aujourd'hui est illégal aux yeux de Dieu et représente une abomination. C'est pourquoi, faites attention aux coutumes ainsi qu'aux religions qui exigent la pratique de sacrifices d'animaux.

## 3- VOUS AVEZ UN RÔLE À JOUER

À ce stade, l'homme n'a pas d'autres choix que celui d'épouser la volonté de celui qui l'a créé. Dieu a fait sa part pour assurer le bien-être de sa créature tant aimée. Le devoir revient à l'homme d'accepter cette offre aux multiples avantages, à savoir la vie éternelle auprès du seigneur, la domination sur le monde des ténèbres ici sur terre, la protection et la sécurité divine manifestées sur les plans spirituel et naturel, la guérison divine à tous les niveaux, la prospérité dans tous les aspects de la vie et pas seulement au plan financier, etc.

C'est donc une offre garantie par une alliance inestimable et dont satan empêche l'homme d'apercevoir les contours par un aveuglement au plan mental et spirituel. Nous sommes donc invités à accepter cette grâce dont le prix a déjà été payé. Un adage bien connu dit : la belle femme ne peut donner que ce qu'elle a. À propos de l'épanouissement de l'homme, Dieu a tout accompli. Il suffit juste que par la repentance vous ayez part à la nouvelle naissance. Ce qui représente le premier pas vers l'accès au surnaturel auquel Dieu veut que vous soyez un acteur parmi tant d'autres.

*Voici, je vous ai donné* ***le pouvoir de marcher*** *sur les serpents et les scorpions, et* ***sur toute la puissance de l'ennemi*** *; et rien ne pourra vous nuire* **(Luc 10.19)**

*Je vous le dis en vérité, tout ce que vous lierez sur la terre sera lié dans le ciel, et tout ce que vous délierez sur la terre sera délié dans le ciel* **(Matthieu 18.18)**

## Chapitre 3 :

# CE QUE VOUS DEVEZ FAIRE POUR QUE LE SURNATUREL DEVIENNE RÉEL POUR VOUS

### 1- LA REPENTANCE, UNE OBLIGATION

La repentance, comme on le croit, n'est pas une simple formalité qui donne accès aux gens à s'engager dans une église et y devenir des membres actifs. Ce n'est pas non plus un acte fortuit qui montre aux yeux des croyants d'une assemblée chrétienne qu'un tel nouvellement arrivé est devenu chrétien, non. Elle joue un rôle primordial dans le processus du salut de l'homme, car elle est la première pierre de ce grand édifice qu'est la vie chrétienne et elle nécessite la sincérité et l'honnêteté envers Dieu. En ce sens que lorsqu'elle est bien faite, c'est-à-dire lorsqu'elle est vraie et sincère, l'étape suivante aboutit au miracle de la nouvelle naissance qui est ce changement que l'on observe dès qu'une personne se convertit et qui s'opère sans la volonté personnelle de cette dernière.

**Romains 3.10-12** : « *selon qu'il est écrit* ***: il n'y a point de juste, pas même un seul*** ; *Nul n'est intelligent*, ***nul ne cherche dieu ; tous sont égarés***, *tous sont pervertis ;* ***il n'en est aucun qui fasse le bien***, *pas même un seul* »

**Romains 3.23** : « *car* ***tous ont péché*** *et sont privés de la gloire de Dieu* ».

**Romains 6.23** : « ***car le salaire du péché, c'est la mort*** ; *mais le don gratuit de Dieu, c'est la vie éternelle en Jésus Christ notre Seigneur* ».

**Actes 17.30-31** : « ***Dieu sans tenir compte des temps d'ignorance, annonce maintenant à tous les hommes, en tous lieux, qu'ils aient à se repentir***, *parce qu'il a fixé un jour où il jugera le monde selon la justice, par l'homme qu'il a désigné, ce dont il a donné à tous une preuve certaine en le ressuscitant des morts...* ».

La volonté parfaite de Dieu, c'est l'affiliation de l'homme au plan qu'il a prévu. Vous devez accepter de faire comme Dieu l'a prévu, afin de retrouver votre place dans l'accomplissement de ce qu'il a prévu faire de vous en vous créant.

Croyez-moi, chaque homme sur cette terre a été créé par Dieu pour un but bien précis et ce n'est qu'en revenant à Dieu par la repentance qu'on rentre dans le plan parfait de Dieu.

Un jour pendant que Jésus enseignait quelque part, des gens lui racontèrent avec stupeur un évènement dramatique qui s'était produit à cette période. Pilate avait fait assassiner plusieurs Galiléens. Croyant toucher la sensibilité du Seigneur Jésus, ils furent surpris de sa réaction. Voici comment il leur répondit.

« *Non, je vous le dis. Mais* ***si vous ne vous repentez pas, vous périrez tous également***. » **Luc 13.3**

On aurait pu dire que Jésus était quelqu'un qui n'avait pas de sentiments. Car on connait bien que la fibre sentimentale de l'homme est touchée à l'écoute des nouvelles effroyables.

Pas du tout, le Seigneur Jésus, non seulement, ne leur parlait pas d'une mort soudaine qui leur arriverait comme celle de ces gens dont ils faisaient allusion, mais il était en train d'attirer leur attention sur le fait que le sort des personnes assassinées était fini, il n'y avait plus rien à faire pour elles puisqu'elles étaient déjà mortes. Mais pour eux qui racontaient ces faits divers, l'occasion leur était encore donnée de mettre leur vie en règle avec Dieu.

**2 Corinthiens 5.17** : « *Si quelqu'un est en Christ, il est* ***une nouvelle créature***. Les *choses anciennes sont passées ; voici,* ***toutes choses sont devenues nouvelles*** ».

La repentance est donc une condition sine qua non, nous donnant accès à la nouvelle naissance. On peut donc la résumer comme suit :

- C'est une prise de conscience de l'état de notre vie.
- C'est un regret profond que l'on ressent sur la manière de mener notre vie sans Dieu et loin de lui, commettant sans cesse des actes contraires à notre vraie nature.
- C'est reconnaitre qu'on a besoin d'aide pour changer notre condition.
- C'est confesser sincèrement à Dieu nos mauvais actes, paroles et pensées, afin qu'il nous pardonne.
- C'est reconnaitre et confesser de notre bouche après avoir réalisé et compris que la

venue de Jésus sur terre et sa mort sur la croix avaient quelque chose à avoir avec nous.

- C'est inviter Jésus-Christ à venir prendre place dans notre vie, à y résider et à y régner comme sauveur et maître.

- C'est croire que Dieu nous a pardonné et que nous sommes devenus siens, c'est-à-dire participants de sa nature divine.

Pour cela, je vous invite avant de continuer la lecture de cet ouvrage à faire cette courte prière si vous réalisez que vous ne vous êtes jamais repenti sincèrement bien que vous alliez à l'église.

***Oh Dieu, je réalise que tu existes et que tu m'as créé pour ton bon plaisir. Je réalise que tu m'aimes vraiment et que je ne te connais pas. Je regrette sincèrement ma manière de vivre. Je te demande pardon de t'avoir offensé en menant ma***

***vie comme bon me semble. Je te demande de pardonner tous mes péchés, Seigneur Jésus.***

***Je t'invite dans mon cœur, prends la première place et soi mon seigneur et mon sauveur personnel. Je m'abandonne à toi totalement Seigneur, aide-moi à vivre pour toi dès aujourd'hui jusqu'à ma mort. Je te remercie de m'avoir pardonné et d'avoir inscrit mon nom dans le livre de vie.***

Voici le témoignage de ma conversion.

Je venais d'avoir dix-sept ans et donc à peine dans l'adolescence. Comme tout jeune de cette tranche d'âge, je voulais me délecter de tous les délices qu'offre la vie, je voulais **croquer la vie à belle dent** comme on le dit vulgairement. Quelques années avant, je venais d'avoir une déception amoureuse avec ma petite amie d'alors qui m'avait quitté pour des raisons que je ne comprenais pas.

La douleur causée par cette séparation avait engendré la confusion dans ma vie. J'étais donc à la recherche de quelque chose d'autre qui allait combler le vide laissé. Je voulais vivre d'autres expériences, mais tous mes efforts étaient vains.

Un après-midi, alors qu'à la maison on ne s'attendait à rien de spécial, nous eûmes la visite de deux individus dont l'un était de race blanche. J'appris par la suite qu'ils étaient tous deux des pasteurs. Ils avaient répondu à l'invitation de mon oncle qui était mon tuteur en ce moment-là. Cela faisait quatre mois que mon oncle s'était converti. Il vivait l'expérience la plus merveilleuse que tout être humain devrait vivre, celle de la nouvelle naissance. Son aspect était rayonnant, sa vie avait complètement changé parce que cinq mois avant, il était ce bourreau qui avait transformé son foyer en un véritable environnement du far ouest. Sa vie de débauche et d'ivrognerie l'emmenait lorsqu'il rentrait au milieu de la nuit à la maison à terroriser son épouse, son fils et son neveu que j'étais.

La maison dégageait l'air d'une terreur qui ne disait pas son nom et qui pouvait éclater à tout moment de la nuit, surtout lorsqu'il sortait pour ne rentrer qu'au milieu de la nuit. Mon cousin et moi savions que nous passerions une nuit blanche ; il fallait donc que nous nous préparions psychologiquement aux scénarios qu'il allait nous faire vivre toute la nuit, menaces verbales, bastonnade, etc.

C'est donc un homme nouveau, véritablement transformé, qu'est devenu mon oncle. Ne se voyant certainement pas bien placé, à cause de tout ce qu'il nous avait fait subir, pour nous parler des changements survenus dans sa vie et qu'on pouvait réellement voir, il avait invité les deux pasteurs à la maison.

À l'arrivée de ces hommes, mon oncle nous fit venir pour nous informer qu'il souhaitait que nous écoutions ce que ces hommes avaient à nous dire, mon cousin et moi. Nous n'avions pas d'autre choix que de les écouter. Ils nous parlèrent de l'amour de Dieu pour nous, de la raison de la mort de Jésus et des bonnes choses que Dieu avait en réserve pour nous.

À la fin de leur intervention, ils nous invitèrent à donner nos vies à Jésus après nous avoir bien sûr expliqué ce que cela signifiait. Après quelques hésitations et une profonde réflexion, je me suis engagé à recevoir le Seigneur Jésus-Christ comme mon sauveur et mon seigneur personnel. Et ce jour, c'est-à-dire le soir du 14 décembre 1993, j'ai expérimenté quelque chose d'indescriptible. J'avais la conviction que quelque chose venait de se passer dans mon être, je ne savais pas quoi, mais au dedans de moi, je me sentais éclairé par une lumière dont je ne connaissais pas la source.

En l'espace de quelques jours, j'étais devenu une autre personne. Permettez-moi de vous dire quand je vous dis que j'étais devenu une autre personne, je n'en abuse pas. Tout était en train de changer en moi, je ne comprenais pas ce qui m'arrivait ; subitement lorsque je retrouvais mes copains pour une partie de basketball ou de football, j'éprouvais un malaise inexplicable chaque fois qu'ils se mettaient à se moquer de quelqu'un ou chaque fois qu'ils disaient des âneries, qu'ils s'injuriaient ou faisaient des commérages. Face à tout cela, je réagissais autrement, mon comportement n'était plus le même qu'avant ma conversion et ils ne comprenaient pas ce qui m'était arrivé.

Voilà les effets de la repentance véritable et sincère. Un changement total se produit et on devient une personne différente.

## 2- LA NOUVELLE NAISSANCE

Après avoir compris ce qui s'est dit au paragraphe précédent, la seconde étape pour être qualifié à opérer dans le surnaturel est qu'il vous faut naître de nouveau.

On nait de nouveau juste après s'être repenti. C'est la confession de nos péchés et l'invitation faite au Seigneur Jésus-Christ d'entrer dans notre cœur qui nous font devenir enfant de Dieu. En d'autres termes, nous naissons de nouveau dès que nous nous repentons sincèrement.

Par la nouvelle naissance, on rentre dans la lignée des vainqueurs, tout comme le Seigneur Jésus-Christ a vaincu satan. Et nous voilà donc détenteurs de la puissance d'influencer l'ordre naturel des choses, ainsi que le cours des évènements qui nous entourent.

Le Seigneur Jésus-Christ disait à ses disciples : « En *vérité, en vérité, je vous le dis, celui qui croit en moi fera aussi les œuvres que je fais, et il en fera de plus grandes, parce que je m'en vais au père* ». **Jean 14.12**

## 3- ACTIVER LE SURNATUREL

Lorsque le surnaturel se manifeste, il y aura toujours l'implication du Saint-Esprit et des anges également. J'aimerais ici m'arrêter sur un fait.

Comprenez bien que le christianisme n'est pas une religion, mais une relation entre le Créateur et l'Église, qui, en réalité, est la représentation embryonnaire du royaume de Dieu sur la terre. Si votre compréhension des choses n'est pas conforme à cette vérité, il est probable que vous continuiez à vivre avec la conception religieuse des choses et passiez à côté de la vie surnaturelle qui est l'apanage de tous ceux qui ont reçu Jésus-Christ dans leur vie comme leur seigneur et sauveur.

Lorsque le surnaturel se manifeste, les choses se produiront toujours de façon étrange, défiant l'entendement, la raison et la logique humaine. Dieu veut manifester son règne sur la terre, mais cela passe au préalable par le renouvellement de l'intelligence qui permet l'accès à la compréhension des choses spirituelles. La volonté de Dieu en créant l'homme n'a jamais été de laisser l'homme fonctionner comme un électron libre.

Rappelons-nous la prière du Notre Père qu'avait enseigné le Seigneur Jésus-Christ à ses disciples et qui reste d'actualité encore aujourd'hui. Cette prière commence comme ceci : Notre père qui est aux cieux ! Que ton nom soit sanctifié ; que ton règne vienne ; que ta volonté soit faite sur la terre comme au ciel (Matthieu 6.9-10).

Les personnes qui se sont réconciliées avec Dieu par la nouvelle naissance sont des potentiels candidats à l'émanation du surnaturel. Tandis que les personnes qui se sont réconciliées avec Dieu et dont l'intelligence est renouvelée sont des activateurs du surnaturel.

Ces personnes ont compris que Dieu veut en permanence s'impliquer dans les affaires des hommes et qu'elles sont les catalyseurs de cette implication. C'est pourquoi, elles se rendent toujours disponibles pour rechercher avec assiduité, rigueur et discipline la présence de Dieu.

Le surnaturel devient naturellement réel lorsque nous avons assez de la routine des activités chrétiennes qui mènent à la monotonie. Il commence à faire effet, lorsque nous sommes prêts à faire certaines concessions dans notre « vie chrétienne » qui, en réalité, est soit partiellement, soit complètement religieuse. Je vous invite donc à poursuivre votre lecture dans un meilleur confort d'attention.

Un jour, deux sœurs vinrent à nous pour un entretien avec mon épouse et moi. Nous avions été surpris par la manière dont elles réagirent au sujet d'un fait qu'elles avaient vécu toutes deux. Elles s'étaient mises à jeûner pendant une semaine sans boire ni manger. Et à l'issue de ce jeûne, elles étaient toutes brulantes. Leurs corps étaient en feu, la chose qui les avait surprises est le fait qu'elles ne ressentaient pas de la chaleur lorsqu'elles touchaient leurs corps avec leurs mains, mais pourtant elles étaient en train de brûler.

Elles résolurent donc d'aller à une pharmacie se procurer des médicaments pour se soulager.

Mais en vain et cette chaleur persista pendant quelques jours et disparut par la suite. Lorsqu'elles nous racontèrent cette expérience, mon épouse et moi nous sommes mis à nous regarder et à rire avant de leur expliquer ce qui s'était en réalité passé.

Parce que ma femme et d'ailleurs moi-même avions déjà vécu cette expérience.

Après avoir jeûné pendant toute une semaine, l'onction du Saint-Esprit s'est manifestée en elles, au niveau de leur esprit en fait. C'est pourquoi elles ne ressentaient pas la chaleur au contact de leurs mains avec leurs corps. Elles venaient d'activer la manifestation du surnaturel, mais elles ignoraient ce qui se passait.

Et dommage, d'ailleurs parce que si elles avaient été enseignées, elles auraient pu faire bénéficier aux autres les bienfaits du Seigneur par cette onction qui avait été mise à leur disposition pendant leur jeûne, en priant pour les malades, afin qu'ils soient guéris ou en communiquant cette onction telle une buée d'oxygène pour raviver des chrétiens rétrogrades.

En tant que chrétien, comme vous le savez déjà, vous avez reçu le Saint-Esprit par le moyen de la nouvelle naissance après la repentance. Et le Saint-Esprit vit en vous, c'est-à-dire dans votre esprit qui a été régénéré. Vous êtes qualifié à opérer dans le ***surnaturel***.

Ainsi donc vous êtes nés de l'Esprit et avez la nature de Dieu en vous, bien qu'ayant un corps physique. Soyez chaque jour conscient de ce que vous êtes réellement devenu. Vous êtes un esprit et lorsque sur le plan spirituel vous êtes attaqué par des personnes détentrices de puissances occultes ou par les sorciers, en fait l'attaque touche directement votre esprit et physiquement vous ressentez la douleur ou le mal dû à l'attaque dont vous êtes victime.

Beaucoup de gens aujourd'hui sont victimes d'actions du monde des ténèbres, mais n'en sont même pas conscients et c'est regrettable. L'ignorance est plus désastreuse que le VIH SIDA. C'est pourquoi quelqu'un a affirmé que le cimetière est l'endroit le plus riche de la terre, parce que là sont enterrés les livres qui auraient pu être écrits, des hommes et femmes d'affaires morts sans le devenir, d'éminents présidents morts sans accéder à la magistrature suprême. De talentueux journalistes sans le moindre reportage. Des hommes et des femmes sont morts sans découvrir et mettre au service de l'humanité les talents dont ils étaient détenteurs. Quel dommage !

**I Corinthiens 2.9-11** dit : « *ce sont des choses que l'œil n'a point vues, que l'oreille n'a point entendues, et qui ne sont point montées au cœur de l'homme, des choses que Dieu a préparées pour ceux qui l'aiment. Dieu nous les a révélées par l'Esprit. Car l'Esprit sonde tout, même les profondeurs de Dieu.* ***Lequel des hommes, en effet, connait les choses de l'homme, si ce n'est l'esprit de l'homme qui est en lui*** *? De même, personne ne connaît les choses de Dieu, si ce n'est l'Esprit de Dieu* ».

Voyez qu'il y a des choses que vous ne pourrez savoir que par l'intermédiaire de votre esprit. Or dans votre esprit siège déjà l'Esprit de Dieu qui, lui, connait les choses de Dieu. À ce niveau, je suppose que vous comprenez qui vous êtes ! Votre esprit a été créé avec la capacité de connaitre tout ce qui vous concerne, tout ce qui contribue à votre bonheur, ce que vous devez être et faire.

Je l'affirme une fois de plus, vous êtes un esprit et votre esprit, c'est vous. Le Seigneur Jésus-Christ est venu inaugurer la manifestation du royaume de Dieu. Le royaume de Dieu n'est pas physique, mais physiquement, on doit voir la manifestation de ce royaume. Votre responsabilité, après avoir acquis la nature divine, est de manifester le royaume de Dieu. Donc, d'opérer dans le surnaturel.

Vous êtes donc un être capable de parler au vent, à la tempête, aux démons, voire d'arrêter le soleil dans sa course et d'empêcher qu'il pleuve pendant plusieurs années. Vous êtes le genre de personne qui, si la nature ne satisfait pas à un de vos besoins imminents, vous pouvez la priver d'un élément dont elle est constituée tel que maudire un manguier qui n'a pas produit son fruit pour vous nourrir au moment où vous en aviez le plus besoin.

La nature reconnaitra votre voix parce que vous êtes de la race de ceux qui produisent l'impossible à cause du germe divin (l'Esprit de Dieu) qui est implanté en vous. Elle a reçu l'ordre de vous obéir et de changer l'ordre naturel des évènements à cause de vous. Le temps est arrivé de jouer votre rôle et d'apporter à tous ces gens qui meurent la preuve qu'ils ont tort de vivre sans Dieu.

Sachez que le monde qui nous entoure est tiré du monde spirituel, et donc pour avoir des résultats probants dans votre vie de chaque jour, il vous faut opérer dans le surnaturel.

### a) Le surnaturel est un environnement

Lorsque nous lisons la parole de Dieu, nous voyons que Dieu, avant de créer les différents êtres vivants au commencement, prit le soin de créer au préalable l'environnement qui siérait à chacune de ces espèces. Quand il s'agit de créer l'homme, il fit un jardin, l'Eden, qui contenait les aliments qui lui serviraient de nourriture pour son corps physique, mais qui contenait également une atmosphère.

Vous savez, c'est un peu comme lorsqu'on est à l'approche de l'été, juste avant la fin de l'hiver, on ressent une ère de bien-être approcher.

Cette atmosphère dans le jardin d'Eden était une ère manifestée par une sensation du divin. Les chrétiens qui sont familiers à la présence de Dieu comprennent bien ce que j'essaie de dire parce que la présence de Dieu est palpable. Cette présence remplissait le jardin d'Eden, Adam communiquait avec Dieu comme deux personnes peuvent communiquer ensemble.

Le surnaturel peut se résumer simplement comme étant la manifestation de l'atmosphère divine dans le monde des humains.

### b) Les acteurs opérant dans le surnaturel

❖ *Le Saint-Esprit*

**Actes 11.12** : ***l'Esprit*** *me dit de partir avec eux sans hésiter…*

Après que le Seigneur Jésus-Christ eut été ressuscité et bien avant qu'il ne parte au ciel, il informa les disciples de la venue de son remplaçant, le Saint-Esprit. Ce dernier devrait d'abord, s'identifier à eux pour qu'ils aient le quitus d'opérer sur la terre en lieu et place du Seigneur Jésus-Christ lui-même.

*Cependant je vous dis la vérité : il vous est avantageux que je m'en aille, car si je ne m'en vais pas, le consolateur ne viendra pas vers vous ; mais, si je m'en vais, je vous l'enverrai* **(Jean 16.7).**

*Comme il se trouvait avec eux, il leur recommanda de ne pas s'éloigner de Jérusalem, mais d'attendre ce que le Père avait promis, ce que je vous ai annoncé, leur dit-il ; car Jean a baptisé d'eau, mais vous, dans peu de jours,* ***vous serez***

***baptisés du Saint Esprit****... Mais* ***vous recevrez une puissance, le Saint Esprit survenant sur vous,*** *et vous serez mes témoins à Jérusalem, dans toute la Judée, dans la Samarie, et jusqu'aux extrémités de la terre.* **(Actes 1.4,5,8)**

Un jour, j'avais reçu un appel téléphonique d'un ami pour qui j'avais de la considération. Ce dernier venait d'être arrêté par des policiers et mis en garde à vue. Sachant que je faisais partie des personnels militaires, il voulait que je l'aide à sortir de la situation dans laquelle il se trouvait. Pour m'enquérir de la situation, je fis le déplacement au lieu où il se trouvait incarcéré. Arrivé sur les lieux, je cherchais à rencontrer quelques responsables de la police pour discuter et savoir pourquoi, ce dernier était gardé à vue. Étant venu, à l'heure où plusieurs personnels en service ce jour étaient au réfectoire, je dus attendre leur retour.

Quelques minutes seulement étaient passées alors que j'attendais le retour des policiers, que le Saint-Esprit se mit à me parler clairement en ces termes : « Il *va se passer une manifestation violente sous peu à cet endroit, et si tu ne pars pas de là maintenant, tu vas en subir les conséquences »*. Je savais bien que c'était la voix du Saint-Esprit, mais je voulais ne fusse qu'avoir un petit entretien avec mon ami. Je suis resté là encore un petit temps à réfléchir sur les conséquences que je pourrais subir si je n'obéissais pas au Saint-Esprit. Je pris la décision bien que difficilement de partir et de repasser le lendemain.

Grande fut ma surprise lorsque, le lendemain à la même heure, je me retrouvais là au bureau de la police pour m'enquérir des nouvelles de mon ami. Le policier vers lequel je me dirigeai me raconta qu'une émeute s'était produite la veille pendant que les détenus étaient entendus. Une grande bousculade avec coups et blessures éclata, certains détenus prirent la fuite et blessèrent certains policiers présents dans les locaux. Alors qu'il me relatait les évènements de la veille, au fond de moi, je remerciais le Saint-Esprit de m'avoir averti à ce moment-là.

❖ *Les Anges*

**Actes 11.13** : *Cet homme nous raconta comment il avait vu dans sa maison* l'***ange*** *se* *présentant à lui et disant : Envoie à Joppé, et fais venir Simon, surnommé Pierre...*

En parcourant la bible, l'on remarque que Dieu est toujours intervenu sur la terre par l'entremise de ses anges. L'histoire biblique révèle que ceux qui ont vécu en obéissant à Dieu, ont bénéficié inéluctablement du soutien des anges. C'est donc un avantage considérable d'avoir des compagnons de service de cette nature.

*Et auquel des* ***ANGES*** *a-t-il jamais dit : Assieds-toi à ma droite, jusqu'à ce que je fasse de tes ennemis ton marchepied ?* ***Ne sont-ils pas tous des esprits au service de Dieu, envoyés pour exercer un ministère en faveur de ceux qui doivent hériter du salut ?*** **(Hébreux 1.13-14)**

*Et l'**ANGE** me dit : Écris : Heureux ceux qui sont appelés au festin des noces de l'agneau ! Et il me dit : Ces paroles sont les véritables paroles de Dieu. Et je tombai à ses pieds pour l'adorer ; **mais il me dit : Garde-toi de le faire ! Je suis ton compagnon de service, et celui de tes frères qui ont le témoignage de Jésus**. Adore Dieu. -Car le témoignage de Jésus est l'esprit de la prophétie* **(Apocalypse 19.9-10)**

Quelques mois après ma conversion, je devins subitement malade. Comme j'avais été enseigné sur la guérison divine, je fis de temps en temps des prières, demandant à Dieu son intervention en vue de ma guérison. Un jour après avoir prié pour la guérison, je m'allongeai sur le sofa, et juste à peine avais-je fermé les yeux étant bien évidemment encore conscient parce que je n'étais pas endormi, que je me mis à voir une scène étonnante. Juste-là devant moi, venait d'arriver le personnel soignant composé d'un médecin et de quelques infirmières. J'insiste que je ne dormais pas du tout. J'avais juste fermé les paupières et je voyais cette scène comme si c'était réel.

Tandis que le médecin qui se tenait devant moi avec un stéthoscope aux oreilles m'auscultait, les infirmières obéissaient aux ordres qu'il leur donnait à mon égard. Après m'avoir administré des soins, ces personnages s'en allèrent. Aussitôt, j'ouvris les yeux pour vérifier si ce que je voyais été bel et bien réel. Malheureusement, je ne vis personne autour de moi, mais là encore je fus surpris parce que les douleurs et toute la souffrance que m'infligeait cette maladie avaient disparu instantanément. Je me mis à tâter mon corps, à la recherche d'une quelconque douleur. Mais en vain ! À ce moment, je réalisais que le Seigneur avait envoyé un groupe d'anges me guérir.

### c) Comment créer l'environnement surnaturel ?

Il fut un temps dans ma marche avec le Seigneur où déjà mariés, mon épouse et moi étions lassés de cette vie chrétienne monotone. L'église dans laquelle nous servions l'Éternel avant que nous ne soyons appelés par le Seigneur au ministère est une grande dénomination dans laquelle, malgré les manifestations surnaturelles qui s'y produisaient, la majorité des membres de l'église ne montraient pas un dévouement passionné pour le surnaturel. Et nous savons pourquoi !

Les murmures étaient fréquents pendant les cultes, la logique religieuse avait pris le dessus sur la volonté de Dieu au point que lorsque des manifestations surnaturelles se produisaient pendant les réunions de l'église, les manifestations étaient vite étouffées. Cette attitude nous émut profondément et nous en souffrions énormément. Cet état de choses nous amena à prendre une décision qui devait plus tard donner naissance à notre ministère.

Nous décidions donc de rechercher la face de Dieu en marge des activités de notre assemblée. J'aimerais souligner qu'à cette époque, nous venions de découvrir les hommes de Dieu tels que les Pasteurs Yvan et Yves Castanou, le prophète Kakou Séverin, le prophète T.B Joshua, le pasteur Christ Oyakhilomé, l'apôtre Guillermo Maldonado, les prophètes Uebert Angel et Sherpherd Bushiri. Leurs enseignements à travers leurs livres et vidéos nous ont apporté une compréhension plus claire de ce que devrait être la vie chrétienne. Nous avons vu en chacun d'eux les apôtres néo testamentaires, Pierre, Jean, Jacques, voire Paul.

Nous avions donc programmé des temps pour rechercher la face de Dieu dans la prière et le jeûne. Nous avions une veillée de prière chaque vendredi soir jusqu' à l'aube. Plusieurs semaines et plusieurs mois s'écoulèrent sans aucun résultat. Nous avons cherché le Seigneur pour qu'il se manifeste comme avec les disciples du Seigneur le jour de la Pentecôte à Jérusalem. Malgré le fait que rien ne se passait durant plusieurs semaines, nous n'avons pas abandonné. Nous avions continué jusqu'à ce que le ciel descende.

Qu'elle ne fut pas notre stupéfaction, mon épouse et moi, une nuit où nous avions été surpris par l'éruption d'un vent dans notre chambre alors que tout était hermétiquement fermé. Notre première réaction était d'ouvrir nos yeux pour savoir ce qui se passait et d'où venait ce vent qui nous secoua littéralement. L'atmosphère de notre chambre était devenue différente et je fus saisi immédiatement par une force et me mis soudainement à prononcer des paroles sans même que je pense à ce que je disais.

Le ciel venait d'interférer avec la terre et ce fut depuis ce jour que nos vies ne furent plus les mêmes. Le surnaturel est constamment manifeste dans notre foyer et nous avons appris à nous laisser emporter dans cette atmosphère. Dieu est bien réel et omniprésent, mais sa présence ne se manifeste pas partout. Il ne la manifestera jamais là où on n'a pas besoin de lui, là où on n'aspire pas à son aide. Il ne se révèlera pas là où on ne le recherche pas assidûment.

*Approchez-vous de Dieu, et il s'approchera de vous...* **(Jacques 4.8)**

Comment doit-on procéder pour s'approcher de Dieu, afin qu'à son tour, il se rapproche de nous en manifestant sa présence ?

Il n'existe pas une méthode ou une formule prédéfinie pour cela. Il faut juste adopter une attitude et se donner à quelques activités spirituelles telles que *la prière, le jeûne, la pratique de l'adoration en vue de la contemplation, etc.*

- ***Avoir la soif et la passion pour le divin***

Aspirez, cherchez et criez à Dieu jusqu'à ce qu'il vous réponde en manifestant sa présence. Dieu est vraiment réel et sa volonté est que les hommes le connaissent ou plutôt, sa volonté est de se révéler aux hommes. Il faut donc un catalyseur, une flamme qui s'allume pour favoriser sa manifestation. C'est tellement facile que le Seigneur se manifeste. Il faut avant tout soupirer après lui. Vous devez être épris de ce sentiment d'insatisfaction permanente de ne pas avoir cette relation vivante avec votre Dieu.

*Le* ***Dieu*** *qui a fait le monde et tout ce qui s'y trouve, étant le Seigneur du ciel et de la terre, n'habite point dans des temples faits de main d'homme ; il n'est point servi par des mains humaines, comme s'il avait besoin de quoi que ce soit, lui qui donne à tous la vie, la respiration, et* *toutes choses.* ***Il a fait que tous les hommes****, sortis d'un seul sang, habitassent sur toute la surface de la terre, ayant déterminé la durée des temps et les bornes de leur demeure ;* ***il a voulu qu'ils cherchassent le Seigneur, et qu'ils s'efforçassent de le trouver en tâtonnant, bien qu'il ne soit pas loin de chacun de nous,*** **(Actes 17.23-27)**

- ***Pratiquer régulièrement la prière***

Le sujet de la prière fait l'objet de beaucoup d'interprétations dans les églises aujourd'hui et plusieurs livres écrits sur ce sujet le prouvent. La prière occupe une place prépondérante pour tous les chrétiens et tous les problèmes que les chrétiens ou l'Église connait sont dus à 90 % au manque de prière ou à une pratique irrégulière de celle-ci.

Un pasteur disait « Là où j'ai le plus manqué dans mes responsabilités à l'égard de mes fidèles, ce n'est pas dans mon travail pastoral, ni dans la prédication, mais dans la prière. » Il est plus facile d'avoir toutes sortes d'activités, plutôt que de consacrer du temps à la prière. C'est dans ce sens que Ken Wright disait : « Souvent, nous avançons des excuses pour ne pas prier : Je n'ai pas le temps, je suis trop actif, j'ai trop de travail. »

Mais ce n'est pas juste. Ce n'est pas parce que nous avons trop d'activités que nous ne prions pas, mais c'est parce que nous n'avons pas une vie de prière régulière que nous essayons de compenser par un excès d'activité. **C'est le manque de prière qui conduit à l'activisme et non l'activisme qui conduit au manque de prière.** C'est souvent pendant les périodes où nous sommes censés avoir du temps que nous prions le moins. Le réformateur Luther, disait : *« J'ai tellement de travail aujourd'hui que, si je veux tout accomplir, il faut que je passe au moins trois heures dans la prière. »*

Sachez que la puissance qui se manifestait à travers la vie de Jésus était attisée par sa vie de prière incessante. Le Seigneur Jésus lui-même en a fait son cheval de bataille. Il y veillait parce qu'il savait que cette arme redoutable qu'est la prière est en réalité ce qu'est la respiration pour le corps humain. Arrêtez de respirer et dans les minutes qui suivent, vous ne serez plus de notre monde. La prière est au centre de la vie chrétienne, vous n'avez pas d'autre choix que de commencer à la pratiquer et si ce n'est pas le cas, commencez à vous y accoutumer.

Voyons quelques exemples bibliques qui relatent la manifestation du surnaturel juste parce que quelqu'un ou des gens ont prié.

1- Pendant que le Seigneur Jésus priait à la veille de sa crucifixion, un ange est descendu pour lui donner la force de poursuivre sa mission.

**Luc 22.40- 43** : *Lorsqu'il fut arrivé dans ce lieu, il leur dit : Priez, afin que vous ne tombiez pas en tentation. Puis il s'éloigna d'eux à la distance d'environ un jet de pierre, et,* ***s'étant mis à genoux, il pria****, disant : Père, si tu voulais éloigner de moi cette coupe ! Toutefois, que ma volonté ne se fasse pas, mais la tienne.* ***Alors un ange lui apparut du ciel, pour le fortifier****.*

2- Alors que les croyants priaient pour Pierre qui avait été emprisonné et devait être mis à mort le jour suivant, un ange a été envoyé pour le sortir de la prison.

**Actes 12.5-8** *: Pierre donc était gardé dans la prison ; et* ***l'Église ne cessait d'adresser pour lui des prières à Dieu****. La nuit qui précéda le jour où Hérode allait le faire comparaître, Pierre, lié de deux chaînes, dormait entre deux soldats ; et des sentinelles devant la porte gardaient la prison.* ***Et voici, un ange du Seigneur survint, et une lumière brilla dans la prison. L'ange réveilla Pierre, en le frappant au côté, et en disant : Lève-toi promptement ! Les chaînes tombèrent de ses mains.*** *Et l'ange lui dit: Mets ta ceinture et tes sandales. Et il fit ainsi. L'ange lui dit encore : Enveloppe-toi de ton manteau, et suis-moi.*

*Pierre sortit, et le suivit, ne sachant pas que ce qui se faisait par l'ange fût réel, et s'imaginant avoir une vision. Lorsqu'ils eurent passé la première garde, puis la seconde, ils arrivèrent à la porte de fer qui mène à la ville, et qui s'ouvrit d'elle-même devant eux ; ils sortirent, et s'avancèrent dans une rue. Aussitôt l'ange quitta Pierre.* ***Revenu à lui-même, Pierre dit : Je vois maintenant d'une manière certaine que le Seigneur a envoyé son ange, et qu'il m'a délivré de la main d'Hérode et de tout ce que le peuple juif attendait****.*

Parce que le Seigneur Jésus connaissait les conséquences et les résultats de la vie de prière, il prenait parfois des nuits entières pour vaquer à la prière, certainement à cause du fait que ces journées étaient chargées d'activités telles que les enseignements qu'il donnait, les séances de délivrance et de guérison, mais aussi les déplacements d'une contrée à une autre.

**Luc 6.12** : « *En ce temps-là, **Jésus** se rendit sur la montagne pour prier, et il **passa toute la nuit à prier Dieu*** ».

Vous ne le savez peut-être pas, mais la prière ouvre une voie spirituelle entre le ciel et la terre, et comme votre voix contient un code connu par la nature, le monde spirituel et le royaume des cieux ont l'information que toute requête que vous émettrez sera agréée. Dieu honore les hommes et les femmes de prière en leur accordant sa faveur.

**Matthieu 18.18** : « *Je vous le dis en vérité, **tout ce que vous lierez sur la terre sera lié dans le***

***ciel, et tout ce que vous délierez sur la terre sera délié dans le ciel*** ».

**Luc 10.20** : « *…ne vous réjouissez pas de ce que* ***les esprits (les démons) vous sont soumis****…* ».

Ne perdez pas de vue qu'à la nouvelle naissance, un miracle s'est produit, votre esprit a été régénéré par le Seigneur et l'Esprit de Dieu est maintenant à l'intérieur de vous, dans votre cœur. C'est lui, le Saint-Esprit qui déclenche la manifestation du surnaturel lorsque vous pratiquez une activité spirituelle.

De même que le corps a besoin de respirer pour continuer à vivre, nous avons, nous aussi besoin de l'environnement céleste pour continuer à servir le Seigneur.

La prière ici revêt un aspect de régulation et d'équilibre pour nous-mêmes contre la nature humaine (les désirs de la chair, les envies qui penchent sans cesse vers le mal) et le péché à proprement dit. Pour que la puissance de Dieu, qui en réalité met le surnaturel en action, soit permanente dans notre vie, nous devons nous maintenir dans un état de sainteté. Cet état n'est possible que grâce à une vie de prière constante.

**Luc 21.36** : « ***Veillez*** *donc et* ***priez en tout temps, afin que vous ayez la force****...* ».

**Matthieu 26.41** : « ***Veillez et priez, afin que vous ne tombiez pas dans la tentation*** ; *l'esprit est bien disposé, mais la chair est faible* ».

La prière donne la force d'échapper à pas mal de choses. Alors au lieu de vous lamenter, commencez à prendre ne fusse que trente minutes de votre temps par jour pendant lesquelles vous vous éloignerez de tout le monde et de toute chose qui peut vous distraire, et priez en étant concentré sur le Seigneur.

Priez pour ce qui vous tient à cœur. Priez pour ce que vous voudrez voir venir à l'existence et qui en réalité est utile et nécessaire pour votre vie. Vous serez surpris des résultats qui se produiront alors que vous pratiquez la prière en permanence.

- ***Il existe deux types de prière*** :

✓ **La prière fervente ou faite avec instance**

**Jacques 5.16** : « … ***la prière fervente*** *du juste* ***a une grande efficace*** ».

C'est le genre de prière que nous faisons jusqu'à ce que nous voyons les résultats se produire, auquel cas on n'arrête pas. C'est aussi le genre de prière adapté aux situations difficiles de la vie et qui renverse les forteresses sur plan spirituel, et produit des résultats voulus sur le plan naturel. Elle demande de l'endurance et de la persévérance. Lorsqu'on fait ce genre de prière, on est prêt à passer toute une nuit à prier, à s'isoler et être coupé du monde extérieur. On devrait exercer notre volonté et nous imposer une discipline pour y arriver.

Quelqu'un a dit : « *si tu veux obtenir quelque chose que tu n'as jamais obtenue, fais quelque chose que tu n'as jamais osée faire* ».

J'aimerais souligner que lorsqu'on est habitué à faire ce genre de prière, notre comportement et nos habitudes changent. On devient trop conscient et trop préoccupé par les choses spirituelles et le surnaturel devient une réalité qui passe avant tout autre chose. À cette dimension, vous pouvez amener les cœurs des personnes les plus cruelles qui existent dans ce monde à agir en faveur de l'objet de votre prière.

Sachez une fois de plus que tout se trouve dans l'environnement spirituel et pour obtenir des résultats dans notre monde, vous devez agir dans le monde spirituel, c'est-à-dire faire intervenir le surnaturel pour apporter des résultats concrets. La prière est donc un des moyens que le Seigneur a mis à notre disposition pour obtenir les résultats voulus.

Arrêtez donc de dormir et de vous lamenter, et mettez-vous au travail. Tout ce que Dieu a prévu pour votre bien-être est à votre portée, il suffit juste de vous servir des moyens mis en place par le Seigneur.

Je me permets de publier un fait réel relaté tel que lu par un homme de Dieu ayant vécu cette histoire, qui a vu la situation de tout un pays être rétablie par la prière.

## J'AI VU L'HISTOIRE TRANSFORMÉE PAR LA PRIÈRE : LES DOULEURS DE L'ENFANTEMENT AU KENYA.

(Extrait tiré du livre « Comment façonner l'histoire par la prière et par le jeûne ? » par DEREK PRINCE)

Entre 1957 et 1961, Lydia et moi étions éducateurs missionnaires au Kenya, en Afrique de l'Est. J'étais proviseur d'un collège de formation d'enseignants à l'ouest du pays. Pendant cette période, le Kenya se remettait encore douloureusement des agonies sanglantes du mouvement Mau Mau qui avait créé une amère méfiance et la haine à la fois entre Africains et Européens et entre les différentes tribus d'Afrique.

De plus, le pays était en train de se préparer en hâte à la fin du protectorat britannique et à l'indépendance nationale. Cela devait se terminer en 1963.

En 1960, le Congo belge, à l'ouest du Kenya, a obtenu son indépendance. Sans préparation adéquate, les différents groupes africains du Congo ont été incapables de se gouverner eux-mêmes et ont rapidement été plongés et entraînés dans une série de guerres civiles sans fin. De nombreux Européens résidant au Congo se sont enfuis au Kenya, emmenant avec eux des images horribles de la lutte et du chaos qu'ils laissaient derrière eux.

Face à ce contexte, les prévisions des experts politiques pour l'avenir du Kenya étaient très sombres. On prédisait généralement que le Kenya suivrait les traces malheureuses du Congo, mais avec des problèmes encore plus graves dus aux antagonismes internes hérités des Mau Mau.

En août 1960, j'étais l'un des nombreux missionnaires prêchant durant une convention pour les jeunes africains à l'ouest du Kenya. Deux cent jeunes environ étaient réunis dans l'assistance, dont la plupart étaient enseignants ou étudiants. Un nombre considérable de ces étudiants ou anciens étudiants sortait du collège dont j'avais été proviseur.

La convention s'est terminée un dimanche. Lors de la dernière réunion, nous avons été témoins de l'accomplissement de la prophétie de Joël que Pierre cite dans les Actes : « Dans les derniers jours, dit Dieu, je répandrai de mon Esprit sur toute chair ; vos fils et vos filles prophétiseront, vos jeunes gens auront des visions, et vos vieillards auront des songes ». (Actes 2.17).

Un collègue missionnaire du Canada a apporté le message final qui a été traduit en swahili par un jeune homme nommé Wilson Mamboleo, récemment sorti de notre collège. Les deux premières heures de la réunion ont suivi un schéma classique ; après la fin du message du missionnaire, le Saint-Esprit s'est mû avec une puissance souveraine et a élevé la réunion à un niveau surnaturel.

Durant les deux heures qui suivirent, presque tout le groupe de deux cent personnes a continué de louer spontanément et de prier sans aucune direction humaine.

À un certain moment, j'ai eu la conviction qu'en tant que groupe, nous avions touché Dieu et que sa puissance était à notre disposition. Dieu a parlé à mon esprit et m'a dit : « Ne les laisse pas faire la même erreur que les pentecôtistes ont si souvent faite dans le passé, en gaspillant ma puissance en étant indulgents spirituellement envers eux-mêmes. Dis-leur de prier pour l'avenir du Kenya ».

J'ai commencé de m'avancer vers l'estrade, voulant délivrer au groupe le message que Dieu m'avait donné. En y allant, j'ai passé devant Lydia, assise sur le bas-côté. Elle a étendu sa main et m'a arrêté. « Que veux-tu ? » lui ai-je demandé. « Dis-leur de prier pour le Kenya », m'a-t-elle répondu. « C'est exactement pour cela que je voulais aller sur l'estrade », lui ai-je rétorqué. J'ai alors réalisé que Dieu avait parlé à ma femme en même temps qu'à moi, et j'ai pris cela comme une confirmation de sa direction.

Arrivé sur l'estrade, j'ai demandé le silence et leur ai présenté le défi de Dieu pour eux. « Vous êtes les futurs dirigeants de votre peuple », leur ai-je dit. « A la fois dans le domaine de l'éducation et dans celui de la religion.

La bible vous donne en tant que chrétiens, la responsabilité de prier pour votre pays et son gouvernement. Votre pays affronte en ce moment la période la plus critique de son histoire. Unissons-nous ensemble pour prier pour l'avenir du Kenya. »

Wilson Mamboleo était avec moi sur l'estrade et traduisait mes paroles en swahili. Lorsque le moment est venu de prier, il s'est agenouillé à côté de moi. Comme je conduisais la prière, presque toutes les personnes présentes se sont jointes à moi pour prier à haute voix.

Le bruit de toutes les voix s'élevant dans la prière m'a rappelé un passage d'Apocalypse 19.6 : « Et j'entendis comme une voix d'une foule nombreuse, comme un bruit de grosses eaux, et comme un bruit de forts tonnerres… » Le bruit de la prière est allé crescendo, puis a soudainement cessé. C'était comme si quelques chefs d'orchestre invisibles avaient abaissé leurs baguettes.

Après quelques instants de silence, Wilson s'est levé et a parlé à la congrégation. « Je veux vous dire ce que le Seigneur m'a montré pendant que nous priions », a-t-il dit. J'ai réalisé que Dieu lui avait donné une vision lorsqu'il s'était agenouillé pour prier. Wilson a alors relaté sa vision d'abord en anglais, puis en swahili. « J'ai vu un cheval rouge venant vers le Kenya de l'Est, a-t-il raconté. Il était très féroce, et un homme très noir le chevauchait. Derrière lui, il y avait d'autres chevaux, également rouges et féroces. Alors que nous étions en train de prier, j'ai vu tous les chevaux faire demi-tour et repartir vers le nord. »

Wilson s'est arrêté un instant, puis a continué « J'ai demandé à Dieu de me dire la signification de ce que j'avais vu », et voici ce qu'il m'a dit « Seule la puissance surnaturelle de la prière de mon peuple peut détourner les troubles qui viennent sur le Kenya ! »

Pendant plusieurs jours, j'ai médité sur ce que Wilson nous avait dit. J'ai réalisé que sa vision était en quelque sorte similaire à celle relatée dans Zacharie 1.7-11. Je lui ai demandé s'il connaissait ce passage de Zacharie et il m'a répondu par la négative. J'en suis venu à la conclusion que, par cette vision, Dieu nous donnait l'assurance qu'il avait entendu nos prières pour le Kenya et qu'il allait intervenir d'une façon concrète pour le bien du pays.

Les évènements qui ont suivi dans l'histoire du Kenya ont confirmé cette pensée. Durant la période du protectorat anglais, le Kenya était l'un des trois États composant l'est africain anglais, les deux autres étant l'Ouganda à l'ouest et le Tanganika au sud. (Le Tanganika a plus tard, été rebaptisé Tanzanie). Le Kenya a obtenu son indépendance le 12 décembre 1963. Les deux autres États avaient déjà obtenu la leur un peu avant.

Immédiatement après leur indépendance, un gouvernement national a été élu au Kenya avec pour premier président de la nation, Jomo Kenyatta.

En janvier 1964, a eu lieu, dans l'histoire du pays, la manifestation exacte de la vision de Wilson. Une révolution sanglante a éclaté au Zanzibar, sur la côte est du Kenya. Elle était fomentée par un Ougandais entraîné aux méthodes révolutionnaires de Castro, à Cuba.

La révolution a réussi à renverser le sultan de Zanzibar. Au cours du même mois, un mouvement révolutionnaire a atteint l'armée nationale de Tanzanie, et son influence s'est étendue également à l'armée du Kenya. Le but était de renverser le gouvernement élu du Kenya et de le remplacer par une dictature militaire sous contrôle communiste.

Face à cette situation de crise, le nouveau président du pays, Jomo Kenyatta, a agi avec sagesse et fermeté.

S'assurant du concours de l'armée britannique, il a supprimé le mouvement révolutionnaire dans l'armée du Kenya et a restauré la loi et l'ordre dans le pays. Ainsi, l'autorité du gouvernement élu du Kenya a été préservée, et la tentative communiste du coup d'État militaire a été un échec complet.

Dans la vision de Wilson, les chevaux rouges qui tournaient autour du Kenya s'enfuyaient vers le nord. Au nord, le long de la côte africaine, se trouve la Somalie. Le coup d'État militaire qui a échoué au Kenya a été un succès en Somalie. On a plus tard dit que la Somalie était « un camp militaire communiste ».

Les autres pays bordant le Kenya ont également connu de sérieux problèmes politiques. Au sud, en Tanzanie, une forte influence communiste a apporté de nombreuses limitations à la liberté politique. À l'ouest, en Ouganda, il y a eu une série de gouvernements instables et de luttes tribales internes avec un effort soutenu des musulmans pour prendre le contrôle du pays et faire de l'islam la religion officielle du pays.

Pourtant, au milieu de tout cela, le Kenya a réussi dans une large mesure à combiner l'ordre et le progrès alliés à un haut niveau de liberté politique et religieuse.

L'attitude du gouvernement du Kenya envers les chrétiens a toujours été placée sous le signe de l'amitié et de la coopération. Bien que le président ne soit pas lui-même chrétien, il a officiellement invité différents corps chrétiens au Kenya pour enseigner le message de la chrétienté dans chaque école du gouvernement dans le pays.

Sous de nombreux aspects, le Kenya est devenu un centre stratégique d'où des chrétiens nationaux formés peuvent aller porter le message de l'Évangile dans les pays avoisinants.

Parfois, Dieu utilise des moyens inattendus pour nous donner des nouvelles. En octobre 1966, j'étais dans une agence de voyages à Copenhague, réglant les détails d'un vol pour Londres. Tandis que j'attendais que mon billet soit prêt, j'ai pris une édition anglaise du London Times. Il y avait un encart spécial de seize pages exclusivement consacré au Kenya. En substance, le thème de ce supplément était que le Kenya avait réussi à être le pays le plus stable et le plus prospère sur la cinquantaine de nouvelles nations qui avaient émergé sur le continent africain depuis la fin de la Seconde Guerre mondiale.

Alors que je tournais les pages, il m'a semblé entendre la voix inaudible de Dieu me dire : « C'est ce que je peux faire lorsque les chrétiens prient avec foi pour le gouvernement de leur nation. »

- ✓ **La prière par l'Esprit couramment appelée prière en langue ou parler en langue**

**Jude 1.20** : *Pour vous, bien-aimés, vous édifiant vous-mêmes sur votre très sainte foi, et priant par le Saint Esprit,*

**Éphésiens 6.18** : *Faites en tout temps par l'Esprit toutes sortes de prières et de supplications. Veillez à cela avec une entière persévérance, et priez pour tous les saints.*

**I Corinthiens 14.18 :** *Je rends grâces à Dieu de ce que je parle en langue plus que vous tous ;*

Comme vous le savez déjà, l'homme est esprit. Par sa relation avec le Seigneur, il est supposé refléter la nature du Seigneur Jésus. La prière en langue nous connecte immédiatement au surnaturel lorsqu'on la pratique. C'est pourquoi tous ceux qui sont baptisés du Saint-Esprit manifestent ce don. Aspirez à ce don et priez pour le recevoir par la foi. Le Seigneur est fidèle, il vous l'accordera.

- **ASSOCIER LE JEÛNE À LA PRIÈRE**

À travers le ***jeûne*** et la ***prière,*** les éléments du royaume des ténèbres sont évincés.

Ma famille et moi avions eu la malheureuse expérience de louer des maisons hantées. Les propriétaires de ces maisons, après avoir fait des rituels, avaient consacré leurs propriétés aux entités. À leur avis, c'était soit pour une certaine protection spirituelle face aux esprits mauvais soit pour maintenir les locataires pour ne pas qu'ils quittent leurs maisons. Pour ce dernier cas, c'était à des fins financières que les rituels étaient pratiqués.

Je me souviens dans l'une d'elles, lors de notre aménagement, je faisais régulièrement des fièvres sans même comprendre ce qui m'arrivait. Chaque soir, ma température montait subitement au point de me pousser à aller m'aliter. J'en étais arrivé à bout. J'ai dû planifier des temps de jeûne et prière complets de type trois jours sans manger ni boire, juste pour ébranler les puissances ténébreuses qui me maintenaient dans cet état de souffrance.

À chaque fois, le résultat était le même. La pression maléfique subie était brisée, et les esprits à l'origine de cette situation étaient vaincus. Nous avons expérimenté tellement de fois les bienfaits du jeûne et de la prière lors des combats spirituels. Le Seigneur Jésus-Christ l'a d'ailleurs enseigné à ses disciples en ces termes :

**Matthieu 17.21** : *Mais cette sorte de démon ne sort que par la prière et par le jeûne.*

L'Ancien Testament regorge d'histoires des hommes et des femmes comme vous et moi qui ont jeûné et prié face à des situations irréversibles. Le premier chapitre du livre de Néhémie jusqu'au début du deuxième chapitre ; le livre d'Esther, du chapitre trois au chapitre sept ; même le roi tyran

Achab trouva faveur aux yeux de l'Éternel par la pratique du jeûne (I Rois 21).

**Matthieu 17.21 :** « *Mais cette sorte de démon* ***ne sort que par la prière et par le jeune*** ».

Il existe des situations dans la vie que l'on désigne coriaces, c'est-à-dire difficiles et impossibles à changer. Vous auriez beau prier toute une nuit, rien ne changera. Vous pourrez même faire intervenir vos relations détentrices d'une grande autorité, cela ne changera pas votre situation. C'est alors qu'il vous faut changer de stratégie et faire intervenir rapidement l'aide du Seigneur. Le jeûne associé à la prière est un ingrédient anticipateur de l'intervention divine et donc de la manifestation du surnaturel.

Le jeûne et la prière mortifient notre chair et la maintiennent assujettie à la volonté de Dieu. Ils rendent l'esprit humain sensible, actif et fort. Lorsque vous vous mettez à prier en tant que chrétien, en fait vous vous appropriez l'environnement divin. Et cet environnement va constamment se manifester ; ça peut-être dans votre maison, votre lieu de travail, et d'ailleurs, vous transportez même cet environnement avec vous lors de vos déplacements.

**Il est judicieux de noter ici qu'il y a un type de jeûne qui ne produit aucun résultat du point de vue surnaturel.**

**Esaïe 58.2-4** : « *Que nous sert de jeûner, si tu ne le vois pas ? De mortifier notre âme, si tu n'y as point égard ? -Voici, le jour de votre jeûne, vous*

*vous livrez à vos penchants, Et vous traitez durement tous vos mercenaires. Voici, vous jeûnez pour disputer et vous quereller, Pour frapper méchamment du poing ; Vous ne jeûnez pas comme le veut ce jour, pour que votre voix soit entendue en haut* ».

- ✓ La grève de la faim ;
- ✓ Le régime alimentaire ;
- ✓ Le jeûne en état de péché ou de rébellion ;
- ✓ Le jeûne religieux.

**2 Samuel** les chapitres 11 et 12, nous relatent l'histoire du roi David lorsqu'il convoita, coucha la femme d'Urie et fit tuer ce dernier. Après cet incident, Dieu envoya vers lui le prophète Nathan pour l'informer de la sentence qui devait tomber sur lui. Le nouveau-né issu de l'adultère de David n'allait pas vivre. Le jeûne et les prières pratiqués par David ne changèrent rien à la décision de Dieu.

Jérémie 14.10-12 : « *Voici ce que l'Éternel dit de ce peuple : Ils aiment à courir çà et là, Ils ne savent retenir leurs pieds ;* ***l'Éternel n'a point d'attachement pour eux, il se souvient maintenant de leurs crimes, et il châtie leurs péchés****. Et l'Éternel me dit : N'intercède pas en faveur de ce peuple.* ***S'ils jeûnent, je n'écouterai pas leurs supplications*** *; S'ils offrent des holocaustes et des offrandes, je ne les agréerai pas ; Car je veux les détruire par l'épée, par la famine et par la peste* ».

C'est ici l'occasion de démontrer par cette histoire riche d'enseignements, comment le jeûne et la prière peuvent amener des changements dans la vie de quelqu'un même le plus méchant qui soit.

## COMMENT SATAN FAIT OBSTACLE À NOS PRIÈRES : COMBAT DANS LE ROYAUME CÉLESTE

« Récit de John Mulinde, traduit par Michel Clavière. Novembre 2000 (Australie). »

Je veux vous parler, à partir d'un témoignage de quelqu'un qui a été sauvé, quelqu'un qui a été au service du diable. Et quand cet homme a donné son témoignage, ça m'a fait un tel choc ! Je ne voulais pas y croire. J'ai dû me tenir 10 jours devant le Seigneur, dans le jeûne, en lui demandant : *« Seigneur, est-ce vrai ? »* Et c'est à ce moment que le Seigneur a commencé à m'enseigner sur ce qui se passe dans le domaine spirituel, quand nous prions.

À sa naissance, cet homme a été consacré à Lucifer par ses parents. Quand il était encore dans le ventre de sa mère, ils ont fait beaucoup de rituels pour le dédier au service de Lucifer. À l'âge de 4 ans, il a commencé à exercer son pouvoir spirituel. Et ses parents ont commencé à avoir peur de lui. Quand il a eu 6 ans, son père l'a confié à des sorcières pour qu'il soit formé. Et en dix ans, il a fait de grandes choses dans le royaume du diable. Il était craint des sorcières courantes.

Bien qu'il soit encore un jeune garçon, il était déjà terrible dans les choses qu'il faisait. En grandissant, il est devenu un jeune homme d'une vingtaine d'années avec tellement de sang sur les mains. Il tuait à volonté. Il avait la capacité de sortir de son corps par la méditation transcendantale.

Il pouvait parfois se mettre en lévitation, son corps décollé du sol, suspendu en l'air et, parfois, il pouvait entrer en transe et sortir de son corps ; son corps restait sur place pendant qu’il allait dans le monde. C'est ce qu'on appelle un voyage astral. Et ce gars-là a été utilisé par Satan pour détruire tellement d'églises, pour faire tomber tellement d'églises et pour détruire tant de pasteurs.

Un jour, il fut affecté à détruire une église qui était fervente dans la prière. Il y avait beaucoup de divisions dans cette église et beaucoup de confusion. Et il a commencé à travailler sur cette église. Mais à cette époque, le pasteur a appelé toute l'Église pour un jeûne. Aussitôt que l'église a commencé à jeûner, il y a eu beaucoup de repentance et beaucoup de réconciliations. Puis les gens se sont réunis et ont commencé à prier pour que le Seigneur travaille parmi eux.

Ils ont continué à intercéder et à crier à Dieu pour qu'Il ait pitié d'eux et qu'Il intervienne dans leur vie. Et pendant que les jours s'écoulaient, cet homme venait encore et encore avec des esprits démoniaques contre cette église. Mais une parole prophétique leur fut adressée disant aux chrétiens de se lever et de mener la guerre contre les puissances des ténèbres qui attaquaient l'église.

Alors un jour, cet homme laissa son corps dans sa chambre et partit pour un voyage astral. Il dirigea une puissante armée d'esprits démoniaques contre cette église.

Son esprit se déplaçait dans les airs sur l'église et ils essayaient d'attaquer, mais il y avait une couverture de lumière sur l'église. Puis, soudain, il y eut une armée d'anges qui les ont attaqués et ils se sont battus dans les airs, et tous les démons ont dû fuir, mais lui a été fait prisonnier par les anges. Oui, arrêté par les anges ! Il a été arrêté par six anges. Et ils l'ont emmené, à travers le toit, juste devant l'autel de l'église. Il était là, et les gens priaient. Ils priaient avec ferveur, dans un combat spirituel, liant, et brisant, et chassant les démons.

Le pasteur était sur la plate-forme et dirigeait la prière et le combat. Le Saint-Esprit parla au pasteur : *« Le joug a été rompu et la victime est là, devant vous. Aidez-le à travers la délivrance. »* Quand le pasteur a ouvert les yeux, il a vu ce jeune homme effondré et son corps était avec lui ; il était dans son corps. Le jeune homme a dit qu'il ne savait pas comment son corps l'avait rejoint ; il l'avait laissé chez lui. Mais il était là, dans son corps, il ne savait pas comment il était entré, sauf que l'ange l'avait porté à travers le toit.

Je sais que ces choses sont difficiles à croire. Mais le pasteur a fait taire l'église et a parlé à l'église de ce que le Seigneur lui avait dit, et a demandé au jeune homme : « *Qui êtes-vous ?* » Le jeune homme s'est mis à trembler pendant que les démons ont commencé à sortir de lui. Alors ils ont prié pour sa délivrance et, ensuite, il a commencé à nous faire part de sa vie. Ce jeune homme est venu au Seigneur et il est un évangéliste, prêchant l'Évangile.

Il est aujourd'hui puissamment utilisé par le Seigneur en rendant d'autres personnes libres au travers de la délivrance. Une nuit, je (John Mulinde) suis allé à un dîner. La seule raison pour laquelle j'y suis allé était que quelqu'un m'avait parlé de ce jeune homme et j'étais curieux de le voir et de voir si son histoire était vraie. Je me suis donc assis à ce dîner et, dans la soirée, cet homme a pu donner son témoignage. Il a parlé de tant de choses. Parfois, il se mettait à pleurer à cause des choses qu'il avait faites.

Il y avait beaucoup de pasteurs dans cette salle. Et il a dit : *« J'en appelle à vous, pasteurs. S'il vous plaît, enseignez aux gens comment prier. »* Les gens qui ne prient pas peuvent être pris par le diable dans n'importe quel domaine et l'ennemi peut exploiter leur vie et leurs prières de plusieurs façons. L'ennemi sait même comment profiter des prières de ces personnes qui ne savent pas comment prier.

« *Enseignez aux gens comment utiliser l'armure spirituelle que Dieu donne*. »

Puis il a expliqué comment il a dirigé des expéditions dans les airs. Avec des agents sataniques et beaucoup d'esprits démoniaques, il allait dans les airs et c'était comme un détournement de tout le travail que vous aviez effectué. Alors, régulièrement, il y avait un temps où il devait aller faire la guerre dans les lieux célestes. Et il a dit que, dans les lieux célestes, dans le domaine spirituel, quand l'endroit est recouvert par une couverture de ténèbres, cette couverture est si épaisse qu'elle est comme de la roche. Et elle couvre toute la région. Et ces esprits sont capables d'aller aussi bien au-dessus qu'en dessous de cette couverture. Et à partir de là, ils influencent les événements sur la terre.

Quand les mauvais esprits et les agents sataniques humains quittent leurs postes, ils descendent sur la terre vers des endroits de ralliement, qui peuvent être soit dans les eaux, soit sur la terre, afin de rafraîchir leur esprit. Et comment font-ils pour rafraîchir leur esprit ? C'est avec les sacrifices que les gens font sur des autels. Ça peut être des sacrifices faits dans la sorcellerie , des sacrifices de sang de tous types, des avortements, et des morts qui décèdent pendant les guerres, lors des sacrifices humains, mais aussi les sacrifices d'animaux.

Il peut s'agir de sacrifices de débauche où les gens entrent dans des perversions sexuelles de toutes sortes. Et tout cela donne de la force à ces puissances. Il existe de nombreux types de sacrifices.

Il a dit que lorsque les agents sataniques sont en place dans le royaume céleste et que les chrétiens commencent à prier sur la terre, les prières des chrétiens leur apparaissent sous trois formes. Toutes les prières apparaissent comme de la fumée qui monte vers les cieux :

Certaines prières apparaissent comme de la fumée, et elles vont à la dérive et disparaissent dans l'air. Ces prières proviennent de personnes qui ont péché dans leur vie et qui ne sont pas disposés à traiter avec ces péchés. Leurs prières sont si faibles qu'elles sont emportées et disparaissent dans l'air. L'autre type de prière est également comme de la fumée qui monte jusqu'à ce qu'elle atteigne cette roche, mais elle ne la traverse pas.

Ce sont généralement des gens qui essaient de se purifier, mais ils n'ont pas la foi dans leur prière. Ils ignorent généralement les différents aspects importants qui sont nécessaires quand on prie.

Souvent, les agents maléfiques remarquent que les prières sont en train de muter et sont près d'arriver à l'état d'embrasement, alors ils communiquent avec d'autres esprits sur la terre et leur disent : *« Distrayez cette personne de sa prière. Faites-les arrêter de prier. Faites-les sortir de là. »*

Très souvent, les chrétiens cèdent à ces distractions. Alors qu'ils sont en train de percer, de se repentir, de permettre à la Parole de sonder leur esprit et à leur foi d'être consolidée, alors que leur prière est de plus en plus focalisée, le diable voit que leur prière gagne en force et les distractions commencent. Des téléphones sonnent. Parfois, nous-mêmes, au milieu d'une prière très, très intense, le téléphone sonne et nous pensons que nous pouvons répondre au téléphone, puis revenir et continuer à prier. Mais lorsqu'on revient, on revient au tout début. Et c'est ce que le diable veut.

D'autres types de distractions peuvent venir à votre rencontre, même si cela nécessite de toucher votre corps et de mettre une douleur quelque part. Même si cela nécessite d'avoir faim et d'aller à la cuisine pour manger quelque chose. Dès qu'ils arrivent à vous sortir de votre position, ils vous ont vaincu.

Il faut dire aux pasteurs : « Enseignez les gens. Qu'ils prennent un temps à part. Pas pour juste une sorte de prière occasionnelle. Ils peuvent faire ce qu'ils ont à faire le reste de la journée. Une fois dans une journée, ils devraient avoir un moment où ils se concentrent de tout leur cœur sur Dieu et que rien ne vienne les distraire. »

Et quand les gens persistent dans ce genre de prière, s'ils se laissent inspirer par l'esprit et continuent, et continuent, quelque chose se passe dans l'esprit. Le feu atteint la roche et elle fond. Et cet homme a dit que lorsque la fusion commence, il fait tellement chaud qu'aucun esprit démoniaque ne peut le supporter.

Aucun esprit humain ne peut le supporter non plus. Ils prennent tous la fuite. Ils s'enfuient tous.

Et il se produit une ouverture dans le domaine spirituel. Et dès que cela arrive, tous ces problèmes dans la prière s'arrêtent. La personne qui prie sur la terre ressent juste que sa prière devient soudain si douce, si agréable, si puissante et intense. Et j'ai découvert qu'à ce moment, normalement, nous perdons la conscience du temps et d'autres choses.

Non pas que nous devenons désorientés, mais Dieu prend soin de notre temps. C'est comme si vous laissiez tout tomber et que vous connectiez avec Dieu. Et cet homme a dit que quand les prières percent, à partir de cet instant, rien ne peut plus leur résister, et la personne qui prie peut continuer aussi longtemps qu'elle le souhaite. Il n'y a rien qui puisse l'arrêter.

Le troisième type de prière est comme de la fumée qui est pleine de feu. Quand elle s'élève, elle est tellement chaude que, lorsqu'elle atteint la roche, la roche commence à fondre comme de la cire. Elle perce la roche et passe à travers.

Souvent, quand les gens commencent à prier, leur prière ressemble à celle de la première catégorie, mais quand ils continuent à prier, leur prière change et devient comme celle de la deuxième catégorie. Et quand ils continuent à prier, tout à coup, elle s'embrase. Et leur prière devient alors puissante et elle perce et passe à travers la roche.

Puis il a dit qu'une fois la prière terminée, le trou reste béant et, quand les gens sortent de leur lieu de prière et s'en vont, ce trou béant se déplace avec eux. Ils ne sont plus à agir sous la couverture. Ils agissent sous des cieux ouverts. Et il dit que, dans cet état, le diable ne peut plus faire ce qu'il veut contre eux. Et la présence du Seigneur est comme un pilier qui vient du ciel et qui se place sur leur vie. Ils sont protégés. Et il y a tellement de puissance à l'intérieur de ce pilier que, quand ils se déplacent, cette présence touche d'autres personnes.

Ils discernent ce que l'ennemi a fait chez d'autres personnes. Et quand ils parlent aux gens et que ces gens sont devant eux, ceux-ci entrent à l'intérieur de ce pilier. Et aussi longtemps qu'ils restent à l'intérieur de ce pilier, tous les liens de l'ennemi faiblissent.

Alors, quand ces gens qui ont cette percée spirituelle parlent de Jésus-Christ avec des pécheurs, la résistance de ces derniers est faible. Et c'est si facile de les sortir des ténèbres.

Quand ils prient pour les malades ou prient pour quelque chose, cette présence fait toute la différence. Et cet homme dit que le diable déteste ces gens-là. Et il a dit que s'il y a des endroits où la prière est régulièrement pratiquée de cette manière, la présence vient sur cet endroit et ne la quitte pas. Ainsi, même les gens qui ne connaissent pas Dieu, quand ils viennent dans ce lieu, tout d'un coup, tous leurs liens sont fragilisés.

Et si quelqu'un prend soin de les enseigner patiemment et dans l'amour, il peut facilement les arracher des ténèbres, non pas par la puissance, ni par la force, mais par l'Esprit de Dieu qui est présent. Mais il a dit que si personne ne prend soin de ces gens, ils entrent dans la présence, ils se sentent coupables, ils commencent à se poser des questions pour savoir s'ils doivent céder ou pas, mais ils ne sont pas arrachés aux ténèbres et, quand ils s'éloignent de là, leurs liens deviennent encore plus forts. Et le diable fait tout son possible pour ne pas leur permettre de revenir dans ce genre d'environnement.

Vous pouvez imaginer que nous étions tous assis à regarder cet homme. Il nous racontait les choses qu'il utilisait pour agir et ce qu'il faisait pour voir. Puis il nous a dit ce qu'ils font à une personne qui perce dans la prière. Il a dit qu'ils repèrent cette dernière ; ils l'étudient et relèvent tout ce qu'ils peuvent trouver sur cette personne. Alors, ils connaissent ses faiblesses, et quand l'un d'eux la tient en échec dans la prière et perce, ils communiquent avec d'autres esprits et disent : « *Ciblez-le avec ceci, et avec cela, et avec cela, ce sont ses faiblesses* ! » Alors, quand cette personne sort de son lieu de prière, l'esprit de prière est sur lui, la présence de Dieu est sur lui, son esprit est fortifié, la joie du Seigneur est sa force. Et quand elle se déplace, l'ennemi essaie de faire ces choses qui peuvent le détourner et l'empêcher de se concentrer sur le Seigneur.

Si l'humeur est son domaine de faiblesse, alors l'ennemi va pousser des gens à faire des choses qui peuvent vraiment la mettre en colère. Et si elle n'est pas sensible à l'Esprit-Saint et qu'elle se laisse aller à la colère, elle détourne ses yeux du Seigneur. Elle se met en colère, et quelques minutes plus tard, elle veut mettre tout ça derrière elle et continuer à marcher dans la joie du Seigneur. Mais elle ne la ressent plus. Elle essaie de se sentir bien à nouveau, mais elle ne le peut toujours pas. Pourquoi ? Quand elle a cédé à la tentation, ils ont travaillé dur pour refermer la porte d'en haut. Et une fois qu'ils ont restauré la roche, la présence de Dieu est coupée.

La personne ne cesse pas d'être un enfant de Dieu, mais ce supplément d'onction qui était sur sa vie, cette présence qui peut agir sans qu'il n'y ait rien à faire, cela est juste coupé. Les démons cherchent où sont les faiblesses des gens. Si c'est dans la tentation sexuelle, l'ennemi va préparer des gens, des événements, quelque chose qui va soudainement faire ressortir cette passion pour aller vers cette tentation.

Et si l'homme cède à cette tentation, accepte de recevoir ces pensées, il se distrait, et quand il a fini de prier et qu'il veut à nouveau se déplacer dans l'onction, il s'aperçoit qu'elle n'est tout simplement plus là. Peut-être vous dites-vous : *« Ce n'est pas vrai » Rappelez*-vous seulement ce que la Bible dit : *« Mettez le casque du salut. Mettez sur vous la cuirasse de la justice. »* Normalement, nous ne faisons pas attention à l'utilité, à la fonction de ces armes de guerre. Mais rappelez-vous ce que Jésus nous demande de prier à la fin du « Notre Père » : *« Ne nous soumets pas à la tentation, mais délivre-nous du malin. »*

Chaque fois que vous avez une percée dans la prière, quand vous arrivez à la fin, n'oubliez pas que vous n'êtes encore qu'un humain, faible. Rappelez-vous que vous n'êtes pas encore parfait. Demandez au Seigneur, et dites :

*« Seigneur, j'ai aimé ce temps de prière, mais quand je sors dans ce monde, ne me soumets pas à la tentation. Ne me permets pas de marcher dans les pièges du diable. Je sais que l'ennemi a mis des pièges devant moi. Je ne sais pas sous quelle forme. Mais je sais que je suis encore faible dans certains domaines. Je sais que si je me trouve au mauvais endroit, je risque de céder. Protège-moi, Seigneur. Quand tu me vois me diriger vers là où se trouve le piège, fais-moi juste me tourner de l'autre côté. Interviens, ô Seigneur. Ne me permets pas*

*d'avancer juste avec ma propre force et ma propre capacité. Délivre-moi du malin.* »

Dieu est capable de le faire. Il est capable. C'est pour ça que, parfois, quand des choses arrivent, tout ce que vous avez à dire c'est : *« Merci, Jésus. »* C'est pour ça que l'apôtre Paul a écrit et dit en 1Thessaloniciens 5:18 : « *Rendez grâces en toutes choses, car c'est à votre égard la volonté de Dieu en Jésus-Christ.* »

Certaines choses ne sont pas bonnes. Elles peuvent être douloureuses. Et nous nous demandons pourquoi Dieu ne nous les permet pas. Si seulement nous savions qu'il ne fait que nous sauver de ces choses, nous le remercierions. Quand nous apprenons à faire confiance au Seigneur, nous le remercions en toutes choses.

Bien-aimés, je ne sais pas s'il faut aller plus loin parce que je ne veux pas commencer quelque chose que je ne pourrais pas terminer. Permettez-moi juste de passer à l'étape suivante. Cet homme a dit que quand la prière perce comme ça, la réponse arrive toujours. Il a dit qu'il ne connaît pas un seul cas où la prière a percé et où la réponse n'est pas arrivée. Il dit que la réponse arrive toujours, mais que, dans la plupart des cas, la personne qui a demandé n'arrive jamais à avoir cette réponse.

Pourquoi ? À cause de la bataille dans les lieux célestes. Il dit que pendant le temps où ils réussissent à couper la liaison avec le ciel et à restaurer la roche, ils regardent cette personne et attendent parce qu'ils savent que la réponse est définitivement reportée.

De même, cet homme a fait mention de quelque chose qui a vraiment ébranlé ma foi. C'est à cause de ce qui suit que j'ai fait un jeûne de 10 jours pour demander au seigneur de me le prouver si cela était vrai. Il a dit que chaque chrétien a un ange à son service. Maintenant, nous savons ce que la Bible dit à propos des anges en *Hébreux 1:14 : « Ne sont-ils pas tous des esprits au service de Dieu, envoyés pour exercer un ministère en faveur de ceux qui doivent hériter du salut ? »* Il a dit que quand les gens prient, la réponse arrive dans les mains de l'ange.

Et l'ange apporte la réponse, comme on peut le lire dans le livre de Daniel. Puis il a dit quelque chose de vraiment difficile : si celui qui prie connaît les armes spirituelles et s'en est revêtu, la réponse vient par un ange qui est également revêtu de l'armure complète. Mais si celui qui prie ne fait pas attention à son arsenal spirituel, son ange vient sans son armure spirituelle.

Les chrétiens qui ne se soucient pas de cela demeurent et agissent dans le domaine de la chair. Ils ne combattent pas dans l'esprit. Leur ange vient sans son casque. Quelle que soit l'arme spirituelle que vous ignorez sur la terre, l'ange ne l'a pas non plus quand il vous sert. En d'autres termes, notre armure spirituelle n'est pas pour la protection de nos corps physiques ; mais par contre, pour celle de nos êtres spirituels.

Cet homme a également dit que, lorsque l'ange arrive, les démons se focalisent dessus, ils le regardent et repèrent les zones qui ne sont pas protégées, et ce sont ces zones qu'ils attaquent. S'il n'a pas de casque, ils tirent sur sa tête. S'il n'a pas de cuirasse, ils tirent sur sa poitrine. S'il n'a pas de chaussures, ils font un feu pour qu'il marche dans le feu. Maintenant, je suis en train de répéter ce que dit cet homme. En fait, nous lui avons demandé : « *Les anges peuvent-ils sentir le feu ?* »

Et vous savez ce qu'il nous a répondu ? Souvenez-vous, il s'agit d'un royaume spirituel. Ce sont des esprits qui traitent avec les esprits. La bataille est intense, et quand ils maîtrisent un ange de Dieu, la première chose qu'ils ciblent, c'est la réponse qu'il apporte, et il la leur donne !

C'est ce qu'ils (les démons) donnent à ceux qui font des cultes sataniques, de la sorcellerie et à ceux qui disent : « *j'ai eu ça par la magie.* » Rappelez-vous ce qu'il est écrit en Jacques 1:17 « *Toute grâce excellente et tout don parfait descendent d'en haut, du Père des lumières...* » Ça veut dire que toutes les bonnes choses viennent de Dieu.

Alors d'où viennent les choses que le diable donne à son peuple ? Certaines personnes qui ne peuvent pas avoir d'enfants vont voir des sorciers et des satanistes, et elles tombent enceintes ! Qui leur a donné ces enfants ? Satan est-il un créateur ? NON ! Il les vole à ceux qui ne prient pas avec persévérance jusqu'à l'exaucement.

Il est écrit en **1 Thessaloniciens 5:17** : « *Priez sans cesse.* » Et Jésus a dit en **Luc 18:8** : « *...Mais quand le Fils de l'homme viendra, trouvera-t-il la foi sur la Terre* ? » Êtes-vous toujours en train d'attendre ? Ou avez-vous laissé l'ennemi voler ce pour quoi vous avez prié ?

Alors, cet homme dit qu'ils ne se contentent pas de voler simplement la réponse. Ils sont également intéressés à faire l'ange prisonnier. Ils commencent à se battre contre lui. Et il dit que, parfois, ils réussissent à le retenir et à le lier. Et quand cela se produit, le chrétien devient leur victime sur la terre. Ils peuvent faire n'importe quoi avec lui parce qu'il ne bénéficie plus de la protection spirituelle de l'ange.

Je lui ai demandé : « *Vous voulez dire qu'un ange peut être retenu prisonnier par des forces démoniaques* ? »

Cet homme ne connaissait même pas les Écritures au moment où il a dit tout cela. Il ne connaissait pas beaucoup la Bible. Il partageait tout simplement ses expériences. Et il a dit qu'ils ne retenaient pas l'ange très longtemps parce que, quand d'autres chrétiens prient quelque part, du renfort arrive, et les anges sont libérés. Si le chrétien responsable de la prière ne perce pas dans sa prière, l'ange reste prisonnier. Alors, l'ennemi envoie à cette personne son propre ange, en tant qu'ange de lumière, et c'est là que surviennent les tromperies, les fausses visions et les fausses prophéties, les mauvais dirigeants. Je veux dire par là que dans la suite de leur vie, la direction spirituelle est affectée, ils prennent toutes sortes de mauvaises décisions. Et souvent, ces personnes sont ouvertes à toutes sortes d'attaques et de liens.

J'ai quitté ce dîner tellement troublé que j'ai demandé au Seigneur : « Seigneur, je ne veux même pas essayer de croire à tout cela. Cela enlève toute ma confiance et ma sécurité. »

Quand je me suis mis devant le Seigneur pendant ces dix jours, le Seigneur a fait deux choses.

Premièrement, il a confirmé, non seulement, tout ce que j'avais entendu, mais en plus il a ouvert mon esprit pour voir beaucoup plus que ce que cet homme n'avait pu nous dire concernant ce qui se passe dans le domaine spirituel.

Deuxièmement, il m'a montré ce que nous sommes censés faire quand cela arrive, afin que nous ne soyons pas vaincus, mais que nous puissions vaincre.

- ***S'adonner à la louange et à l'adoration***

**Actes 16.25-26** : *Vers le milieu de la nuit, **Paul et Silas priaient et chantaient les louanges de Dieu**, et les prisonniers les entendaient. **Tout à coup il se fit un grand tremblement de terre**, en sorte que les fondements de la prison furent ébranlés ; au même instant, toutes les portes* *s'ouvrirent, et les liens de tous les prisonniers furent rompus.*

Dieu a toujours voulu manifester sa bonté envers l'homme qu'il a créé. Il prend plaisir à le faire parce que la bienveillance fait partie de sa nature. Il attend en retour la reconnaissance de l'homme pour ses bienfaits envers lui. La louange et l'adoration sont deux possibilités offertes à l'homme pour lui permettre de manifester sa reconnaissance à Dieu. Comme le relate le passage biblique précédent, Paul et Silas l'ont bien compris et n'ont pas hésité d'appliquer ce principe au moment où ils avaient besoin de l'intervention divine, c'est-à-dire, de la manifestation du surnaturel.

Lorsque l'homme loue Dieu, il se crée une atmosphère qui part du ciel en direction de la terre.

Cette atmosphère apporte des résultats humainement impossibles à résoudre. Pour le cas de Paul et Silas, un tremblement de terre a suffi pour les libérer de la prison. Nous sommes donc invités à louer et adorer Dieu régulièrement, afin d'activer le surnaturel pour notre profit.

Je vais mentionner ici un fait qui est utile, mais que l'Église, c'est-à-dire les chrétiens, ne comprend pas. Nous ne devons pas seulement louer et adorer Dieu en cas de besoin. La louange et l'adoration devraient faire partie de la vie quotidienne du chrétien. Nous ne devons pas le faire seulement pour bénéficier des bienfaits de Dieu. Mais pour montrer notre reconnaissance envers lui. Pour lui témoigner notre amour pour le merveilleux Père qu'il est pour nous.

C'est pourquoi la bible encourage à le faire.

**Psaumes 150.6** : *Que tout ce qui respire loue l'Éternel ! Louez l'Éternel !*

- ***Pratiquer les bonnes œuvres***

Il existe une multitude de bonnes œuvres que la parole de Dieu mentionne et que nous devons pratiquer. Elle affirme que nous avions été sauvés pour pratiquer ces bonnes œuvres que Dieu a préparées d'avance (**Éphésiens 2.10**).

Dans le cadre de notre étude, nous nous limiterons à ne traiter que les notions de l'aumône et de l'hospitalité.

Premièrement, dans Actes 10.3, il est dit :

*Et* ***l'ange*** *lui dit : Tes prières et tes* ***aumônes*** *sont montées devant Dieu, et il s'en est souvenu.*

Selon le dictionnaire, une aumône est un don que l'on fait à celui qui est dans la misère pour l'assister.

La pratique des bonnes œuvres a toujours été la bienvenue dans les relations humaines. Le nombre des personnes nécessiteuses augmente sans cesse à travers le monde et la pauvreté est le résultat de ce mal qui gangrène la société. À l'époque des apôtres de Jésus, cette réalité était bel et bien présente. Certains personnages bibliques ont manifesté le sens de l'humanité envers leurs prochains et cela leur a permis de bénéficier de la faveur de Dieu à travers la manifestation du surnaturel.

Le cas de Corneille est le mieux approprié pour le démontrer. En effet, Corneille était un soldat Romain qui faisait beaucoup d'aumônes à l'égard des pauvres. Cette attitude lui a valu la miséricorde de Dieu qui a dépêché un ange pour le bénir, lui et toute sa famille.

Le Seigneur Jésus-Christ, à son époque, avait déjà interpelé ses disciples sur le fait de se soucier des pauvres et de leur apporter leur aide. Car c'est aussi par la pratique des bonnes œuvres que l'accès au surnaturel est possible.

Deuxièmement, il est écrit dans Hébreux 13.2 « *N'oubliez pas **l'hospitalité** ; car, en l'exerçant, quelques-uns ont **logé des anges**, sans le savoir.* »

L'hospitalité, c'est le fait de recevoir chez soi les nécessiteux pour leur apporter un tant soit peu une assistance de quelque nature que ce soit.

Tout comme c'est le cas pour les aumônes, l'hospitalité représente un acte social louable qui n'est presque plus d'actualité de nos jours si ce n'est qu'en faveur des amis ou des connaissances qu'on peut recevoir chez soi et les loger sans trop de difficulté.

La parole de Dieu regorge d'un nombre considérable de principes qui peinent à être pratiqués par les serviteurs et servantes de Dieu, sous prétexte qu'ils ne sont plus d'actualité. Mais Dieu n'a que faire de nos présomptions. Il n'opère que sur la base de sa parole qui est immuable.

À l'époque où ma femme et moi étions encore fiancés, elle avait reçu la visite d'une jeune dame qui était rentrée dans la maison d'enfance dans laquelle, elle vivait, pour demander de l'aide.

Cette femme disait qu'elle avait été surprise par les menstruations alors qu'elle ne les attendait pas. Elle n'avait donc pas pris le soin d'emmener avec elle une serviette hygiénique au cas où les menstruations se déclencheraient.

Elle a donc eu le réflexe d'après elle de se diriger dans la maison qui était la plus proche de là où elle se trouvait. Ironie du sort, c'était le lieu où habitait ma fiancée.

Après lui avoir indiqué la douche et remis une serviette de rechange, cette dame ira se changer. A son retour, elle prendra congé de ma fiancée, la remerciant infiniment pour son hospitalité.

La suite de cette histoire se révèle vraiment intrigante. Dès l'instant où la fameuse dame avait tourné le dos et était sortie de la maison, ma fiancée l'avait suivie pour s'enquérir de son identité, parce qu'elle n'avait pas pris le soin de lui demander son nom pendant qu'elles parlaient.

La maison dans laquelle vivait ma fiancée était une concession délimitée par une barrière avec un portillon y donnant accès.

Ainsi ma fiancée voulant rattraper la jeune dame, se précipita hors de la concession. Chose curieuse, elle ne vit personne excepté sa nièce assise à l'extérieur de celle-ci. Elle lui demanda si elle n'avait pas vu sortir une jeune dame. Sa réponse fut négative. Elle insista mais cette dernière maintint sa réponse. Ma fiancée ne savait plus quoi en penser, vu que sa nièce confirmait n'avoir vu ni entrer ni sortir une personne de la concession. « Elle était là dehors depuis un long moment déjà », disait-elle. Réflexion faite, ma fiancée compris qu'elle avait reçu la visite d'un ange.

La bible est encore d'actualité, et le surnaturel, toujours opérationnel. Nous devons pratiquer les principes contenus dans la parole de Dieu pour bénéficier des avantages relatifs à la manifestation du surnaturel.

Le Seigneur Jésus-Christ a toujours rappelé à ceux et celles qui lui appartiennent leur appartenance à un royaume qui n'est pas de ce monde. Un royaume qui ne vient pas de manière à attirer l'attention, mais qui est bel et bien réel au sein de la société, quelle que soit la partie du monde où l'on se trouve, le royaume de Dieu est présent.

Ce royaume est au milieu de ce monde et évolue selon des principes qui mettent en action la réalité du surnaturel. Plusieurs ne sont presque pas conscients de cette réalité parce qu'il y a un acharnement sur le plan spirituel contre tous ceux qui décident de s'engager, au moyen de la repentance et de la nouvelle naissance, pour le compte de ce royaume.

Cet acharnement est caractérisé par une bataille des agents du royaume des ténèbres contre les habitants de la terre en général, et ce, quelle que soit leur appartenance religieuse, idéologique, politique et culturelle. Il y a une guerre spirituelle sur terre, qui a commencé après la chute de Lucifer.

Pour préserver ceux qui lui appartiennent, Dieu a préparé un arsenal constitué de diverses armes dont l'usage est indispensable pour mieux vivre sur terre.

# Chapitre 4 :

# LE COMBAT SPIRITUEL

Il y a vingt-quatre ans de cela, j'avais fait une expérience tellement forte que lorsque j'y pense encore aujourd'hui, je ne comprends toujours pas comment le Saint-Esprit avait œuvré cette nuit-là. J'ai très tôt après ma conversion compris par la grâce de Dieu le monde spirituel, et ce, à cause du combat spirituel que le Seigneur m'avait enseigné depuis la première semaine de ma conversion.

Une nuit alors que je dormais déjà depuis des heures, j'avais été réveillé par une succession de bruits étranges dont j'ignorais la provenance. Ces bruits persistaient tellement que j'avais résolu d'en savoir un peu plus. À ma grande surprise, je constatais que les murs de la chambre que j'occupais étaient tout recouverts de cafards jusqu'au plafond. La sorcellerie était tellement réelle dans l'environnement dans lequel je vivais, que je faisais constamment l'objet d'attaques spirituelles pendant mon sommeil. Conscient de ce fait, je ne réveillais personne dans la maison. J'avais pris peur et je cherchais à avoir le cœur net. Heureusement, j'utilisais une moustiquaire pour me protéger des moustiques. Les cafards étaient si nombreux que leur déplacement produisait un bruit semblable à celui émis lors de l'invasion des groupes de sauterelles que certaines chaines de télévision montrent. J'étais abasourdi et effrayé de subir un tel affront. Je réalisais qu'on voulait en finir avec ma vie. C'est pourquoi je me mis à prier sans relâche parce qu'à cette époque j'avais déjà quelques notions du combat spirituel. Malgré les prières ferventes que je faisais, aucune de ces bestioles ne disparaissait. Mais quelque temps après, il s'était produit quelque chose d'inattendu. Alors que j'étais toujours en prière, j'avais constaté d'abord qu'aucun cafard ne s'était agrippé à la moustiquaire qui me servait de protection. Malgré le fait que certains s'envolaient en partant d'un mur à l'autre, aucun n'était venu sur la moustiquaire. On aurait dit qu'une barrière invisible les empêchait d'atteindre la moustiquaire, et heureusement pour moi.

Ensuite, alors que je priais, l'intonation de ma voix se mit à changer et des paroles incompréhensibles sortaient de ma bouche sans que je ne fasse rien pour que cela se produise. Seul face à une telle bataille invisible, je m'efforçais à ne pas attirer l'attention des autres occupants de la maison, qui je crois, pour certains, ne dormaient pas, mais étaient les commanditaires de cette irruption maléfique de cafards. Je n'arrivais plus à prier en français malgré le fait que j'essayais. Dans mon trouble, je me souvins qu'il y a une expérience dans la bible que les disciples du Seigneur Jésus avaient vécue. C'est celle de la Pentecôte où ils avaient été revêtus de la puissance du Saint-Esprit et s'étaient mis à parler en des langues étrangères et étranges.

J'avais immédiatement compris que le Seigneur venait de me revêtir de son Esprit et que je priais par l'Esprit. La sensation que cette manière de prier produisait en moi était tellement rassurante que cela réconforta ma foi et je me mis à redoubler d'efforts dans la prière. Après près de deux heures de prière en langue, toutes les bestioles avaient disparu cette fois-ci. Et je ne m'en étais même pas rendu compte. Quelle victoire cette nuit-là ! J'avais non seulement appris à m'appuyer sur le Seigneur en lui faisant confiance dans ce combat, mais j'avais également reçu le don de parler en langue.

À partir de cette nuit, je me mis à apprendre plus sur ce don spirituel si important. Je m'arrête un instant pour dire que la sorcellerie est bien réelle, plusieurs chrétiens sont victimes de cette dernière et ne sont même pas conscients des conséquences qu'elle cause dans leurs vies.

Plusieurs de ceux qui liront cet ouvrage, surtout certains chrétiens, vont certainement remettre en cause ce qui est dit ici. Malheureusement pour eux, la conception qu'ils ont de cette réalité n'est pas forcément la vérité. Bien qu'ils s'insurgeront contre mes propos, il y a des millions de personnes à travers le monde qui sont victimes des œuvres du royaume des ténèbres et qui en bénéficieront. Mais ce qui est aberrant dans l'attitude des chrétiens septiques, c'est que parmi les millions de personnes victimes des œuvres de la sorcellerie, les chrétiens en font partie, faute de connaissance.

Je vais m'adresser aux chrétiens qui s'appuient sur la bible sans tenir compte des aspects spécifiques de certains peuples et de certaines cultures non élucidés par la parole de Dieu. Sachez que la parole de Dieu est d'abord basée sur l'histoire d'un peuple, le peuple hébreu qui est devenu, par la suite, le peuple juif.

Ce peuple n'avait presque pas connaissance des notions de la sorcellerie ou de l'occultisme parce que ça ne faisait pas partie de leur culture. Dieu le leur avait interdit depuis le commencement et par l'entremise de la loi de Moïse. Et pour preuve, lorsque vous lisez la bible, l'activité du royaume des ténèbres n'est beaucoup plus mentionnée qu'à partir de l'époque du Seigneur Jésus-Christ parce qu'il est venu d'abord démontrer le royaume de Dieu qui était jusque-là dominé et malmené. Et ensuite, il est venu pour exposer et dépouiller le royaume des ténèbres. C'est à partir de Jésus que la bible fait beaucoup plus mention des esprits impurs, des démons, des esprits de surdité, etc. Et pourtant, ces entités ont toujours existé bien avant que le Seigneur ne paraisse.

Si la bible ne fait pas tant mention de la sorcellerie et de tous genres d'esprits, c'est parce que le peuple juif était censé n'adorer que le Créateur. Et même lorsque certains se détournaient de Dieu, pour vouer un culte aux idoles, il n'est pas fait mention des manifestations de ces esprits. Le temps de leur dépouillement et celui du royaume des ténèbres dont ils appartiennent n'était pas arrivé. Ce temps devait commencer avec l'entrée en scène du Seigneur Jésus, qui, après son baptême, avait lu dans le rouleau la prophétie d'Esaïe, pour annoncer la fin du règne des ténèbres sur l'espèce humaine. À partir de là, il avait commencé à chasser les esprits maléfiques hors des corps des hommes.

L'homme était victime des œuvres du royaume des ténèbres. Il était incapable de se défendre et avoir le dessus. Fort heureusement, le

Seigneur Jésus-Christ est venu changer l'ordre des choses. Voici ce que déclare la parole de Dieu à cet effet : *Voici, je vous ai donné le pouvoir de marcher sur les serpents et les scorpions, et sur toute la puissance de l'ennemi (satan), et rien ne pourra vous nuire* – **Luc 10.19**

Comme cela a été déjà dit, le royaume des ténèbres a lancé l'assaut contre les habitants de la terre après l'éviction de satan du ciel. Il est donc important pour les enfants de Dieu de mener le combat en tout état de conscience et en connaissance de cause. Il leur faut d'abord connaitre qui sont leurs ennemis et comment ils opèrent. Ensuite, il leur faut connaitre leur identité en Christ, c'est-à-dire savoir qui ils sont en Christ. Connaitre les armes dont ils disposent et savoir comment les utiliser.

## 1- CONNAÎTRE VOTRE VRAI ENNEMI

Le monde dans lequel nous vivons est sous occupation ennemie, longtemps avant que les hommes ne se multiplient et ne peuplent la terre. Après la défaite de satan et de ses anges, leur point de chute a été la terre. Ils en sont descendus animés d'une grande colère contre tous les hommes.

*Et il y eut guerre dans le ciel. Michel et ses anges combattirent contre le dragon. Et le dragon et ses anges combattirent, mais ils ne furent pas les plus forts, et leur place ne fut plus trouvée dans le ciel.*

*Et il fut précipité, le grand dragon, le serpent ancien, appelé le diable et satan, celui qui séduit toute la terre, il fut précipité sur la terre, et ses anges furent précipités avec lui…C'est pourquoi réjouissez-vous, cieux, et vous qui habitez dans les cieux. Malheur à la terre et à la mer ! Car le diable est descendu vers vous, animé d'une grande colère, sachant qu'il a peu de temps* – **Apocalypse 12.7-12**

En descendant sur la terre, satan et son armée ont pris le soin d'occuper toutes les régions de la terre y compris l'atmosphère et le sous-sol. Il s'est arrangé à introduire dans les habitudes, les comportements, les traditions et les coutumes des hommes, son style de vie, LE PÉCHÉ.

Il s'est identifié aux nations et aux peuples de la terre et les a amenés à lui vouer un culte avec pour seul but de les éloigner de leur Créateur, afin de mieux les asservir et les détruire.

Il a un royaume qu'il a hiérarchisé, de telle sorte que même parmi les hommes, il a établi des représentants. Ce sont ses agents humains, qui peuvent être nos parents, nos dirigeants, nos voisins, nos amis et connaissances. Ce sont eux qui exécutent sa volonté avec beaucoup de facilité dans les sociétés humaines : familles, ethnies, clans, tribus et nations.

Satan est l'ennemi de l'homme. La parole de Dieu l'appelle aussi ***le voleur***. Et elle dit que le but de sa mission se résume à ***dérober***, ***égorger*** et ***détruire***.

Il est très rusé et malin en même temps. Ce n'est qu'en étant en Jésus-Christ qu'on peut le vaincre. Mais il faudrait au préalable connaitre comment ses agents et lui opèrent.

## 2- CONNAÎTRE LA MANIÈRE D'OPÉRER DES ENNEMIS

Nous devons à tout prix connaitre comment satan et ses agents procèdent pour déjouer leurs stratégies et demeurer en sécurité.

L'ignorance est une gangrène qui est assez présente dans le corps de Christ. Elle fait beaucoup de dégâts et dans le cadre du combat spirituel, elle est la cause de la mort physique des enfants de Dieu.

Pour ne pas que satan ait le dessus dans nos vies, il ne faut surtout pas ignorer ses desseins, c'est-à-dire sa manière d'agir et d'opérer.

*Afin de ne pas laisser à satan l'avantage sur nous, car nous n'ignorons pas ses desseins.* **2 Corinthiens 2.11**

Pour que satan et ses agents puissent vous détruire, ils essaieront de vous amener sur leur terrain de prédilection, le péché. C'est pourquoi si vous ne compreniez pas pourquoi Dieu est si farouche contre la pratique du péché, maintenant vous avez la réponse.

Il y a une chose très importante que j'aimerais faire remarquer. C'est au sujet de trois points importants que j'ai pris le soin de constater tout au long de ma vie chrétienne et c'est en relation avec les opérations des agents des ténèbres.

Satan, contrairement à Dieu, a horreur de l'éloignement. Il utilise toujours la proximité pour réaliser ses plans. C'est pourquoi il veillera d'abord à s'approcher de sa cible pour pouvoir passer à la seconde stratégie, la collecte des informations.

Ensuite, après vous avoir approché, et donc gagné votre confiance, l'ennemi collectera les informations nécessaires à votre sujet. Ces informations vont être exploitées à votre insu pour passer à la troisième stratégie qui est celle de tisser des points de contact. Un point de contact, c'est toute chose qui permettra que physiquement vous soyez en contact avec l'ennemi, je fais ici allusion au contact physique avec un agent de satan qu'on ignore généralement.

Un point de contact peut-être un appel téléphonique, un présent qu'on vous offre tel que de l'argent, un cadeau quel qu'il soit. Ça peut être aussi une aide que vous apportez sur la demande de l'ennemi qui s'est familiarisé avec vous et dont vous ignorez la vraie identité.

Peu importe les stratégies utilisées par l'ennemi, Dieu vous a donné une identité qui se résume dans ces passages de la bible.

*Mais dans toutes ces choses,* ***nous sommes plus que vainqueur*** *par celui qui nous a aimés-* **Romains 8.37**

*Vous petits enfants, vous êtes de Dieu, et* ***vous les avez vaincus, parce que celui qui est en vous est plus grand que celui qui est dans le monde***- **1 Jean 4.4**

Il est donc important que vous soyez conscient de qui vous êtes devenu en étant en Christ. Quelle est votre étiquette ? Et qu'est-ce que vous détenez ?

## 3- CONNAÎTRE VOTRE IDENTITÉ EN CHRIST

Lorsqu'on parle d'identité, on devrait au préalable définir ce que c'est, afin de donner plus de clarté à ce qui va être traité.

L'***identité*** est ce qui fait qu'une chose ou un être vivant est le même qu'un autre.

Lorsque nous acceptons Christ comme Seigneur et sauveur de notre vie, par la nouvelle naissance, notre identité change automatiquement. Nous devenons comme Christ, c'est-à-dire qu'on change de statut.

À ce moment, notre esprit humain est régénéré par la puissance du Saint-Esprit qui désormais vit en nous. Nous devenons donc une nouvelle créature qui a quelque chose en plus de ce que nous étions bien avant.

Lorsque quelqu'un nait de nouveau, la soumission de ce dernier aux principes de Dieu par la foi en sa parole et en ses promesses, lui confère le droit légal d'exercer une certaine autorité sur le plan spirituel.

L'autorité, c'est le pouvoir de commander, d'imposer ses volontés à autrui. C'est également le pouvoir grâce auquel quelqu'un se fait respecter, obéir, et écouter. L'autorité dont il est question ici se traduit par le fait de vaincre et dominer sur les agents du royaume des ténèbres, y compris sur leur chef.

*Voici, je vous ai donné le pouvoir de marcher sur les serpents et les scorpions, et sur toute la puissance de l'ennemi (satan), et rien ne pourra vous nuire* – **Luc 10.19**

Marcher sur quelqu'un signifie maltraiter quelqu'un, le dominer et profiter de lui.

Nous devons donc exercer l'autorité qui nous a été concédée, en menant un combat dont les armes mises à notre disposition, s'avèrent très puissantes.

## 4- CONNAÎTRE LES ARMES SPIRITUELLES MISES À NOTRE DISPOSITION ET SAVOIR LES UTILISER

Pour combattre, il nous faut détenir des armes, non seulement parce que notre ennemi est aussi armé, mais également parce que nous devons l'empêcher de nous attaquer ou retarder qu'il le fasse juste par le fait qu'il nous voit armés.

L'apôtre Paul a informé les chrétiens de Colosse et ceux de Laodicée que le combat qu'il menait était grand (Colossiens 2.1), et il a même donné la vraie nature des combats qu'il menait au point de leur affirmer qu'il avait combattu contre des bêtes à Éphèse (1 Corinthiens 15.32). Ce n'était pas des bêtes physiques, mais des esprits méchants parce que ces combats ne se déroulaient pas dans des vues humaines. C'était au niveau spirituel. Et il l'a clairement expliqué aux Éphésiens dans la lettre qu'il leur avait adressée en ces termes :

*Car nous n'avons pas à lutter contre la chair et le sang, mais contre* ***les dominations****, contre* ***les autorités****, contre* ***les princes de ce monde de ténèbres****, contre* ***les esprits méchants dans les lieux célestes*** - Éphésiens 6.12

Juste après, il leur avait suggéré de prendre des précautions nécessaires pour faire face à ce type d'ennemis.

*C'est pourquoi prenez* ***toutes les armes de Dieu****, afin de pouvoir résister dans le mauvais jour, et tenir ferme après avoir tout surmonté* – Éphésiens 6.13

Il faut impérativement s'armer avec les armes de Dieu. Ces armes ne sont pas physiques parce que les ennemis ne le sont pas non plus et le combat l'est encore moins.

*Si nous marchons dans la chair,* ***nous ne combattons pas selon la chair****. Car* ***les armes avec lesquelles nous combattons ne sont pas charnelles*** *; mais elles sont puissantes, par la vertu de Dieu pour renverser les forteresses* – **2**

**Corinthiens 10.4**

Il existe une armure spirituelle composée d'éléments qu'on appelle les armes spirituelles, mais qui, sur le plan naturel, ne le sont pas toutes. Il s'agit donc :

- Du casque du salut, qui, en plus de protéger notre esprit au niveau de la partie qu'on pourrait appeler la tête, protège nos pensées des attaques spirituelles.

- De la cuirasse de la justice, qui, en plus de protéger notre esprit, protège notre cœur.
- De la ceinture de la vérité qui nous permet de demeurer stables et de continuer à vivre dans la droiture.

- Des chaussures du zèle de l'évangile qui permettent de nous protéger contre tous les pièges de l'ennemi dressés sur notre voie, c'est-à-dire notre vie.

- De l'épée de l'Esprit qui permet d'attaquer, de frapper et d'abattre tout ennemi par la parole de Dieu.

- Du bouclier de la foi qui permet de nous protéger contre tout ce que l'ennemi nous lance.

En dehors des éléments de l'armure spirituelle, il y a encore d'autres armes aussi efficaces les unes que les autres. Nous pouvons les énumérer à partir des références bibliques.

- Le nom de Jésus (Marc 9.38) ;
- Le sang de Jésus (Apocalypse 12.11) ;
- Le feu de la parole (Jérémie 23.29) ;
- Le marteau de la parole (Jérémie 23.29) ;
- Le tonnerre de l'Éternel (1 Samuel 2.10) ;
- Les flèches de l'Éternel (Psaume 18.14) ;
- La foudre de l'Éternel (Psaume 18.14).

## Comment utiliser les armes mises à notre disposition ?

Le seul moyen par lequel les choses sur le plan spirituel sont utilisées est la FOI. À travers la prière, nous devons déclarer des paroles en y mettant la foi. Ces paroles exécuteront les actions demandées.

Si par exemple, l'on se sent oppressé, en

priant, nous pouvons dire : je brise toute oppression exercée sur moi au nom de Jésus ! Les effets sur le plan spirituel se produiront immédiatement.

Dans le combat spirituel, les deux ingrédients nécessaires à la victoire sont la prière et la foi.

*Tout ce que vous demanderez avec foi par la prière, vous le recevrez* (**Matthieu 21.22**).

En revanche, nous devons savoir que nos ennemis disposent également des armes de tous types et s'en servent constamment pour nous attaquer.

## 5- RECONNAÎTRE UNE ATTAQUE SPIRITUELLE ET COMBATTRE POUR REMPORTER LA VICTOIRE ?

Nous commencerons par définir ce que c'est qu'une attaque avant d'aborder cette partie à proprement parler.

Une attaque, c'est une agression, un coup, un assaut, un choc, etc. Une attaque spirituelle est donc un assaut des agents du royaume des ténèbres contre une personne qu'ils tentent de tuer, de rendre inapte, de paralyser, de bloquer, d'avilir, d'appauvrir, de rendre stérile, de garder célibataire ou de pousser au divorce, de maintenir au chômage ou de faire licencier, de rendre malade, etc. Toutes les attaques spirituelles visent le même but que l'on a vu précédemment.

Il existe deux types d'attaques spirituelles. Il y a des attaques dont les répercussions se ressentent directement sur le corps physique et les attaques qui se perçoivent à travers les rêves.

❖ Les attaques ressenties sur notre corps physique

Notre esprit est notre vraie personne. Toute attaque faite contre nous sur le plan spirituel affectera notre esprit. Et notre corps physique le ressentira. Ces attaques peuvent se présenter sous forme de :

a) Piqûres ;
b) Brulures ;
c) Différents maux (tête, dents, estomac, etc.) ;
d) Stigmates (blessures, griffures, morsures, etc.) ;

e) Maladies connues (curables ou incurables) ;

f) Incidents et accidents (chutes, heurts, etc.).

Pour apprendre à reconnaitre ce type d'attaque, surtout pour ce qui concerne les attaques qui occasionnent les maladies, il faut connaitre son corps. Une maladie naturelle est la conséquence de l'action des microbes sur notre système immunitaire. Lorsque ces derniers pénètrent notre organisme, ils vont s'attaquer aux éléments protecteurs pour affaiblir notre corps. Généralement, une maladie se manifeste de façon évolutive et non subite. Il existe un type d'attaque pouvant causer immédiatement une maladie. On devrait donc se poser des questions lorsque soudainement on ressent les symptômes d'une maladie. Avec un peu de discernement, on s'apercevra qu'on est victime d'une attaque spirituelle.

Avant que nous ne débutions notre ministère, mon épouse et moi, nous avions reçu une invitation à enseigner au cours d'une retraite spirituelle qu'organisait le groupe de jeunesse d'une église. Nous n'opérions pas encore dans les dons de révélation. Et nous étions loin de penser que nous exercerions un jour le ministère de prophètes. Avant la date de notre intervention, deux orateurs nous avaient précédés les jours avant. À la fin de chaque journée, les organisateurs nous faisaient le compte rendu des activités du jour. Nous avions appris que le jour avant notre intervention, les deux orateurs programmés avaient été atteints de fortes fièvres, les réunions n'avaient donc pas été profitables aux jeunes. Le jour de notre intervention, la tournure qu'avait prise la réunion pendant que j'enseignais les jeunes ne pouvait qu'être l'œuvre du Seigneur. Juste quelques minutes après ma prise de parole, je ressentais une forte fièvre et pourtant je n'étais pas malade du tout.

Après mon intervention, c'était au tour de mon épouse d'enseigner la jeunesse. Et à sa grande surprise, elle ressentit aussi la montée d'une forte fièvre. Ayant discerné que quelque chose n'allait pas bien, elle prit la peine d'informer les organisateurs de cette retraite qu'il était indispensable d'interrompre l'enseignement pour un temps de prière. Tous les jeunes étaient motivés à prier. Après environ trente minutes de prière, quelque chose s'était produit dans la salle où nous étions. Une jeune fille qui était assise tout au fond de l'église s'était écroulée et s'était mise à ramper de là où elle se trouvait, jusqu'au-devant de l'estrade où je dirigeais la prière. Après avoir demandé à quelques personnes de la relever, elle se mit à réagir violemment contre ces personnes. Heureusement qu'elles avaient pu la saisir et la maitriser. Cette jeune fille s'agitait tellement qu'on avait réalisé qu'elle était sous une possession démoniaque. En s'adressant à nous, l'esprit avait donné son identité. C'était une sirène des eaux qui était entrée en elle lorsqu'elle était encore petite. Sa maman allait souvent faire la lessive au bord d'une rivière. Un jour, elle s'était adressée au génie des eaux et avait fait un pacte avec ce dernier, en lui livrant sa fille. Depuis ce jour, cette jeune fille est contrôlée par cette entité. C'est donc cette jeune fille qui nous attaquait pendant qu'on enseignait. La sirène était agacée d'écouter les vérités que nous étions en train de donner aux autres. Voulant empêcher la retraite spirituelle de se poursuivre, elle s'était mise à nous combattre. C'est en nous envoyant des flèches qu'elle le faisait. Ces attaques étaient à l'origine des fièvres que les autres orateurs qui nous avaient précédés avaient eues.

La parole de Dieu apporte plus d'éclaircissement sur ce type d'attaque. En effet, l'apôtre Paul avait été victime d'une attaque provenant d'un ange de satan. Ce dernier lui avait mis une écharde dans la chair. Le but était de le faire souffrir.

*Et pour que je ne sois pas enflé d'orgueil, à cause de l'excellence de ces révélations, il m'a été mis une écharde dans la chair, un ange de satan pour me souffleter et m'empêcher de m'enorgueillir* (**2 Corinthiens 12.7**).

❖ Les attaques perçues à travers les rêves

Il existe trois types de rêves : les rêves provenant des multiples occupations de l'homme (Ecclésiaste 5.3) ; les rêves provenant de Dieu (Job 33.14-15) et les rêves provenant du royaume des ténèbres.

C'est la dernière catégorie de rêve qui nous concerne le plus dans cette partie. Cette catégorie est caractérisée par des poursuites de la part d'autres personnes, soit pour vous agresser, pour vous attraper, etc. Il peut aussi s'agir des poursuites de la part des animaux dangereux tels que les fauves, les serpents, etc.

Il y a un autre cas, celui des rêves dans lesquels on a des relations sexuelles avec quelqu'un et qui font quelques fois que nous nous retrouvons avec le sous-vêtement mouillé à notre réveil.

Les rêves dans lesquels on mange sont du même ordre aussi. Dans ceux-ci, soit on se voit être dans une fête ou on se voit être en train de manger un aliment que quelqu'un nous a donné.

En plus de la catégorie de rêves cités, il peut y avoir certains rêves spécifiques. Par exemple, vous perdez vos dents ou vous êtes en face des fruits mûrs et au moment de les cueillir, soit il y a la présence d'un serpent, soit vous constatez subitement que les fruits avaient une partie pourrie.

La liste des rêves à caractère d'attaques spirituelles n'est pas exhaustive. Ce n'est qu'à titre d'exemple que sont énumérés les exemples ci-dessus. Lorsque nous faisons ces rêves, nous devons comprendre que nous faisons l'objet d'attaques spirituelles. Nous devons donc tout de suite nous lever et commencer à prier même si c'est au milieu de la nuit.

Ces rêves sont des informations que nous recevons comme des avertissements pour nous prévenir des assauts de l'ennemi et nous éviter d'être pris au piège. Toute attaque spirituelle aussi petite soit-elle dans le temps, nous compliquera l'existence sur terre. C'est pour cela que nous devons apprendre à reconnaitre une attaque spirituelle très tôt pour mieux riposter et demeurer dans la victoire.

# Chapitre 5 :

# QUELQUES TÉMOIGNAGES

Dans ce chapitre, je me permets de vous relater quelques expériences que j'ai vécu et dont les bienfaits m'ont motivé à toujours rechercher l'intervention divine. L'objectif ici n'est pas de montrer que je suis un super spirituel, mais au contraire de vous donner une idée de ce qui peut se produire lorsque vous allez opérer dans le surnaturel.

Vous remarquerez en lisant ces témoignages que je n'ai pas le contrôle sur les évènements produits comme si j'avais une puissance qui m'est propre et que j'exerce pour changer le cours des évènements en ma faveur.

C'est juste que Dieu, honore les promesses contenues dans sa parole, que je m'efforce de respecter avec son aide.

## 1- LES EMPLOIS DU TEMPS D'UN LYCÉE CHANGES EN L'ESPACE D'UN WEEK-END

Je me souviens encore avec précision d'un évènement qui s'était produit aux premières heures de ma vie chrétienne. J'étais au lycée et le programme des cours était tel que les lundi, mercredi et vendredi après-midi, nous avions cours au lycée. Il y avait un programme d'enseignement très édifiant les vendredis après-midi à l'église.

J'étais écœuré quant au fait d'assister aux cours les vendredis après-midi parce que je voulais prendre part aux enseignements prévus ce même jour à l'église. J'ai donc pris un week-end pour me tenir devant le Seigneur dans la prière, afin de lui demander de changer l'ordre normal des programmes de cours du lycée.

À ma grande surprise, le lundi qui suivait, l'ensemble des emplois du temps de toutes les classes de ce lycée avait été revu et aménagé. Je signale au passage que ce n'était pas chose facile pour la direction des études de faire de tels changements au cours d'un week-end. Le vendredi après-midi était désormais libre pour ma classe. Je compris que Dieu était intervenu et avait changé l'ordre des choses.

C'était à cette époque que j'avais pris conscience de la souveraineté de Dieu, mais également de l'autorité que détient toute personne qui est née de nouveau. Le Seigneur Jésus-Christ nous enseigne que nous pouvons déplacer les montagnes si nous avons seulement un peu de foi.

**Matthieu 17.20** : *…Je vous le dis en vérité, si vous aviez de la foi comme un grain de sénevé, vous diriez à cette montagne : Transporte-toi d'ici là, et elle se transporterait ; rien ne vous serait impossible.*

## 2- MON PASSAGE EN DEUXIÈME ANNÉE DE MANIÈRE MIRACULEUSE

En 2002, je me trouvais au Maroc en tant qu'élève d'une école militaire de l'air. Mon admission dans cette école s'était faite de manière miraculeuse. Les candidats reçus devraient être détenteurs d'un Baccalauréat des séries C, D ou E, parce que c'était une école supérieure d'enseignement scientifique et classée parmi les grandes écoles. Détenteur d'un Baccalauréat série F1, obtenu après le lycée technique, je n'étais pas qualifié pour suivre les études scientifiques de cette envergure.

C'est donc avec beaucoup de difficulté que je devais commencer mon cursus scolaire. Au terme de la première année, je n'avais pas la moyenne requise pour aller en deuxième année. Je précise qu'au sein de cette école, les redoublements n'étaient pas permis. Avec une moyenne inférieure à la moyenne requise, vous étiez immédiatement rapatrié dans votre pays d'origine.

L'année précédente, le seul élève ayant obtenu une moyenne annuelle inférieure à celle exigée, avait bénéficié d'une indulgence au cours du conseil de délibération. On lui avait permis de refaire la classe et il n'avait donc pas été rapatrié. Cet élève était mon condisciple de classe. Je me retrouvais donc cette année-là dans la même situation que lui une année avant.

Cette situation m'embarrassait tellement que je décidais de faire trois jours de jeûne et prière durant lesquels, je ne mangeais ni ne buvais. Je suppliais Dieu d'intervenir dans sa miséricorde et me faire grâce. Je le suppliais de changer l'ordre des choses en ma faveur. Et c'est ce qu'il fit. A ma grande surprise, le conseil de délibération cette année-là, avait pris une décision surréaliste. Contre toute attente, l'ensemble du conseil avait décidé de mon passage en classe supérieure.

C'était une chose qui n'avait jamais été faite auparavant dans cette école et d'ailleurs même, la seule possibilité qu'on aurait pu m'accorder, était de me faire reprendre la classe comme mon collègue de l'année précédente. C'était impossible, mais Dieu l'avait fait, pas parce que j'étais privilégié, mais parce que j'avais opéré dans le surnaturel.

**Esaïe 58.4** : ... *vous ne jeûnez pas comme le veut ce jour,* ***pour que votre voix soit entendue en haut.***

Je savais que le surnaturel pouvait jouer en ma faveur, je me suis donc engagé à effectuer une des activités spirituelles pour changer l'ordre des choses. J'ai fait entendre ma voix comme avec un haut-parleur là-haut. Je me suis appuyé sur les promesses de Dieu, en utilisant les armes redoutables que sont le jeûne et la prière.

**Matthieu 17.21** : *…Mais cette sorte de démon* ***ne sort que par la prière et par le jeûne****.*

## 3- L'OBTENTION DE MON BACCALAURÉAT

Je suis né dans une famille modeste où l'environnement dans lequel j'ai grandi était propice à réussir dans les études. Mon oncle qui m'a élevé avait suffisamment investi pour ma réussite. Après le temps mis sous son tutorat, je devais regagner la cellule familiale composée d'un seul tuteur qui n'était autre que ma mère.

C'est dans l'environnement, que je vais être au prise avec les entités spirituelles qui géraient notre famille. Pendant quatre ans, je vais être victime des attaques spirituelles de tous genres. Et c'est pendant cette période que le seigneur Jésus-Christ va m'enseigner la réalité du combat spirituel et particulièrement comment se manifeste le surnaturel.

En 2000, j'étais en classe de terminale. Les conditions de vie de ma famille n'étaient pas reluisantes. A l'époque, nous louions une maison qu'on appelle vulgairement, maison en planches. La douche, les toilettes se trouvaient hors de la maison et étaient fait en tôles. Nous nous procurions de l'eau pour certains besoins tels que le bain, la lessive et la vaisselle à partir d'un puit qui se trouvait à 200 mètres environ de la maison.

Je me rappelle qu'un après-midi en allant prendre une douche au puit en question, j'avais vécu une expérience qui avait failli me coûter la vie.

J'étais en train de me laver lorsque soudainement, j'avais senti une force se saisir de mais bras et tenter de m'étrangler. Je ne croyais pas à mes yeux et je me débattais contre une force invisible, qui à un moment donné essayait de m'entrainer aux abords du puit afin de m'y pousser tout au fond. Réalisant ce qui se passait, j'ai commencé à invoquer le nom du seigneur Jésus-Christ intérieurement jusqu'à ce que l'étreinte de l'être invisible qui me tenait au coup me relâche. J'étais tétanisé et effrayé. Ce jour, j'ai compris que je m'aurai la vie sauve toute mon existence ici-bas, qu'en restant attaché au seigneur Jésus-Christ.

C'est donc dans un tel environnement que je me forçais d'avancer dans les études. Ce n'était pas facile du tout. Mais malgré certaines reprises de classe, je parvins à aller en classe de terminale. L'année académique 1999 – 2000 était particulière pour ce qui cernait mes études. Je n'étais pas si brillant que ça dans les études. Mais je m'efforçais à avancer tant bien que mal. Donc cette année académique, je passais mon temps à prier pour que j'obtienne le baccalauréat, et ce, à cause des combats spirituels. Je ne pouvais pas bien me concentrer. Mes nuits étaient transformées en de véritables nuits de poursuites mystiques. C'est dans les rêves que je faisais presque toutes les nuits, que j'étais poursuivi et attaqué.

Je devais donc compter sur le seigneur pour avoir la vie sauve. La prière était devenue pour moi comme ce qu'est l'apprentissage d'une récitation pour un enfant de la classe cours élémentaire, chez nous en Afrique noire. L'enfant sait que s'il ne mémorise pas sa récitation, des coups de chicotte l'entendent au prochain cours.

Je n'avais pas le choix que de prier, sinon mon échec au baccalauréat donnerait non seulement la victoire à mes ennemis, mais me maintiendrai dans la cellule familiale pour une autre année de plus.

Je prie en marchant, lorsque j'allais au lycée. Je priais quand j'étais à bord d'un véhicule de transport en commun. Je priais intérieurement quand j'étais en classe en plein cours. Je priais quand j'étais avec des condisciples de classe en train de traiter un travail de groupes. Je priais sans relâche. Je me surprenais même en train de prier alors que je somnolais après une journée difficile, au moment de me forcer d'étudier une leçon pour le devoir du lendemain. J'ai prié pendant neuf mois sans relâche.

Un jour, alors que je ne priais même pas, j'avais entendu une voix me dire clairement ceci :

*Cette année, je vais déjouer les plans de tes ennemis et je t'accorderais la réussite au baccalauréat.*

Pendant que j'écoutais cette voix me parler, j'avais eu instantanément, une vision ouverte, dans laquelle, je voyais une taupe qui creusait le sol en se frayant un chemin dans le sous-sol, tout en esquivant un arbre qui se trouvait en surface.

En ce moment, bien précis, je comprenais le sens de cette vision, qui avait un lien avec ce que la voix me disait.

Les choses ne s'étaient pas bien déroulées pour ma scolarité cette année-là. Ma moyenne de classe à la fin de l'année était faible et la mention écrite dans mon dossier scolaire, ne me permettait pas d'être racheté au cas où, je m'admettais comme admissible au baccalauréat. C'est pourquoi, je continuais à prier pour ma réussite, en m'appuyant sur les paroles de la voix qui m'avait parlé.

Se déroulant sur cinq jours, les épreuves du baccalauréat technique que je passais, commençaient par des épreuves pratiques en atelier.

Au cours de ces épreuves, nous devions réaliser une œuvre qui devrait servir dans un système mécanique initialement construit. Avant le lancement de cette épreuve, le monsieur qui avait été choisis cette année-là devait faire le tour des différentes séries pour s'enquérir de l'effectivité de cet examen. Au moment, où ce monsieur, professeur agrégé d'université franchissait la porte de notre atelier, le regard de cet homme se croisa au mien. Soudainement, comme si je faisais un rêve, en lieu et place de ce monsieur, j'ai vu le seigneur Jésus-Christ me qui me regardait et me sourit en me disant : Je t'avais dit que je te donnerai le baccalauréat cette année. Je suis venu ce matin à travers cet homme, qui est mon serviteur, me rassurer que tu es bel et bien présent.

Cette vision n'a duré que quelques secondes. Je n'ai revu ce monsieur qu'au soir de la proclamation du baccalauréat. Ce dernier, c'était rapproché de moi, pour me demander ce que je faisais là et m'informer que j'étais admis d'office. Je ne croyais pas un seul instant ses dires. Bien que je savais que cet homme à cause de sa fonction, parce qu'il était le directeur du centre où j'avais passé l'examen, ne pouvait mentir, j'avais besoin de preuves pour qu'en rentrant ce soir-là à la maison j'informe à ma mère que j'avais obtenu le baccalauréat.

Ce n'était pas possible, que je l'obtienne vu mon rendement scolaire médiocre cette année-là, surtout que je n'étais même pas admissible. C'était incroyable mais c'était vrai. Après que les résultats aient été affichés, mon numéro de candidat et mon nom était bel et bien affichés sur ces listes. Wouaw ! M'écriais-je, wouaw ! Dieu est fidèle. Ce qu'il dit, il l'accompli toujours.

Qu'est-ce qui s'était passé ? Dieu avait emmené cet homme comme le directeur du centre d'examen. Et cet homme avait pesé de son influence pour qu'on ne tienne pas compte de mes résultats, mais qu'on insère mon nom sur les listes des admis.

Le fait de bénéficier des bienfaits de la manifestation du surnaturel, raffermi notre foi et nous positionne de facto au rang de ceux et celles qui changent le cours des évènements partout où ils se trouvent.

Le surnaturel, peut être naturellement réel lorsqu'on est prêt à laisser Dieu accomplir sa volonté dans ce monde, et cela passe par le fait de donner sa vie à Dieu et la lui laisser pour qu'il en fasse sa demeure.

Dieu a toujours voulu entretenir une relation de père à fils ou fille avec les hommes. Malgré le fait que nous ne nous sentons pas digne de nous approcher de lui, à cause de notre manière de vivre et nos mauvaises actions, il n'attend qu'une chose, que nous nous décidons de nous abandonner à lui. Le reste serait de son ressort.

www.ingramcontent.com/pod-product-compliance
Lightning Source LLC
LaVergne TN
LVHW091309150826
845673LV00006B/1586

* 9 7 9 1 0 9 5 1 6 9 4 8 2 *